Isaac Efraim
Cybele Freitas

Aceita Que Dói Menos

Entenda e aceite sua mente para ser feliz

LetraSelvagem

Grafia atualizada segundo o Acordo Ortográfico da
Língua Portuguesa de 1990, que entrou em vigor no Brasil em 2009.

Coordenação editorial: Nicodemos Sena
Editora executiva: Marli Aparecida Perim
Design editorial (capa): James Cabral Valdana
Design editorial (miolo): Cesar Neves Filho
Preparação de originais e revisão: André Basbaum
Representante Comercial: Marcelo Nogueira

Dados Internacionais de Catalogação na Publicação (CIP)
Angélica Ilacqua – CRB-8/7057

Efraim, Isaac; Freitas, Cybele,
Aceita que dói menos / Isaac Efraim/Cybele Freitas
Taubaté, SP: Letra Selvagem, 2025.

1ª ed. – 288 p.

ISBN 978-65-89841-45-6

1. Psicologia comportamental 2. Psiquiatria – Terapia
I. Título. CDD 158

LETRA SELVAGEM
Rua Cônego Almeida, 113, Centro, Taubaté, SP.
CEP 12.080-260. Brasil,
Tel. +55(12)99203-3836

www.letraselvagem.com.br
edirtoraelivrarialetraselvagem@gmail.com
letraselvagem@uol.com.br

SUMÁRIO

Introdução

A realidade dói. Mas será que fugir dela não dói ainda mais? *Aceita que dói menos.* Essa frase pode arrancar um risinho nervoso ou um suspiro longo. Para alguns, é piada. Para outros, quase uma ofensa. Para mim, virou um mantra. Não lembro quando a usei pela primeira vez, mas aposto que foi no consultório, diante de um paciente lidando com uma perda.

Quando a dor chega — seja por amores perdidos, desemprego, doenças ou desafios diários — nossa mente entra em cena para "ajudar". Mas, muitas vezes, em vez de aliviar, ela se atrapalha. Agarra-se a pensamentos e imagens, revivendo memórias por meio de filtros que tentam suavizar a dor da realidade. O resultado? Um desastre. A dor só aumenta. Fugir do que nos machuca só intensifica o sofrimento.

Essa luta é universal. Ansiedade, irritação, desânimo, tristeza, medo. Não tem como fugir. E ainda tem as crises de raiva, ciúmes, a dor da culpa. Todos nós temos que lidar com elas, seja numa madrugada com o coração acelerado ou ao ver alguém querido sofrendo. Segundo a Organização Mundial da Saúde, quase um bilhão de pessoas convivem com transtornos mentais — muitas sem saber ou sem acesso a tratamento.

Viver assim é exaustivo. Mas e se fosse possível entender por que isso acontece e, melhor ainda, como mudar?

Foi assim que percebi: "Aceita que dói menos" resumia uma verdade poderosa. Aceitar a dor, por mais desconfortável que seja, é o único caminho para superá-la. O que começou como um simples conselho virou bordão, meme nas redes sociais, e então a brincadeira séria: e se criássemos uma "seita" dedicada ao contato direto com a realidade, sem ceder às ilusões da mente? Uma filosofia prática, sem soluções mágicas, mas com um entendimento profundo do funcionamento da mente e de seus truques. Foi dessa ideia que este livro nasceu.

Para fazer parte dessa "seita", não há rituais misteriosos. O ensinamento é simples (mas não fácil): entender a mente, reconhecer padrões repetitivos e se libertar, mesmo que por alguns instantes, do seu domínio.

O conhecimento compartilhado em nossas "escrituras" abre caminhos para mudanças positivas. É aqui que entram Leo e Bia — personagens baseados em histórias reais — para ajudar você a reconhecer dificuldades e mudar comportamentos. Você terá mais recursos para enfrentar desafios, lidar melhor com emoções, autoestima e atitudes, melhorar sua comunicação e fortalecer relacionamentos. Esses benefícios transbordam para todas as áreas da sua vida, incluindo sua saúde física e mental.

A "Seita que Dói Menos" é mais que um mantra — é uma proposta de transformação profunda. Com base em décadas de experiência clínica e estudos sobre comportamento humano, este livro traz fundamentos psicológicos e biológicos para ajudar você, de forma prática, a minimizar os efeitos nocivos da mente.

Aceitar a realidade vale o esforço: é um passo essencial para uma vida mais lúcida, equilibrada e próspera. Abrimos oficialmente as portas para nossa seita revolucionária. Com bom humor, boas-vindas a uma vida que dói menos.

01

Estrelando: a Mente, que te Atormenta

Onde você está agora? Você nunca está onde pensa estar. Seu corpo está aqui, mas sua mente vive ocupada com algo "imaginário".

A seguir, cenas do dia a dia revelarão como nos afastamos da realidade. Atenção! Entender isso pode transformar sua relação com o mundo — e com você mesmo.

Muito prazer, sou sua mente e vim atormentar você!

No escurinho do cinema, Leo e Bia, um casal como qualquer outro, estão abraçadinhos. Eles saíram para tentar relaxar depois de uma semana turbulenta. É noite de estreia de um filme aclamado.

Pipoca, bebida, aconchego. Tudo parece perfeito!

Mas não! Bia está com os olhos perdidos na escuridão. Ela não consegue parar de pensar: os boletos, a chefe difícil, as dúvidas sobre o relacionamento e até o perfume do Leo: "Ai, esse cheiro... me embrulha o estômago!"

"Gostou da cena, amor?", Leo tenta se conectar. Tentando aterrissar na realidade, Bia responde distraída com um "Hein?". Leo se irrita profundamente. "O que fiz de errado desta vez?", pensa ele, emburrado.

E agora é a vez dele mergulhar em pensamentos, sem se dar conta: "Era melhor ter ficado em casa. Ela não gosta de mim. Talvez eu não seja bom o suficiente para ela." Ele dá um gole em sua bebida, mas só sente um gosto amargo: o da rejeição, que desce queimando sem dó.

Enquanto Leo se zanga, a mente de Bia continua seu próprio drama. Só de pensar no trabalho, seu coração acelera de raiva. "Quem ela pensa que é para me tratar assim?", Bia discute consigo mesma. Incomodada, ela se remexe na poltrona, sentindo as emoções afetarem seu corpo. Sua autoestima está abalada, a gastrite está atacada, seu corpo dói.

Sem querer, ela dá um tapa no pote de pipoca. Grãos voam para todo o lado. Que caos! Cada pipoca crocante estoura como os problemas na sua cabeça. Ela se sente culpada, inclusive por não conseguir pensar positivo e ver o "lado bom" da situação.

Mas, espere um pouquinho!...

Seriam uma farsa?

Você também acredita que pensamentos positivos ajudam a atrair coisas boas? Suspense! Agora, vamos voltar ao casal.

Enquanto isso, no mundo de Leo...

Uma luz ilumina o rosto de Leo — não, não é da tela do cinema. Ansioso, ele mal consegue se desligar do celular. Ele, que se ofende por tudo, fica ainda mais estressado com a resposta de Bia.

Para piorar, ele se lembra da briga na fila da pipoca. Ele cumprimentou uma colega e Bia explodiu em ciúmes. "Não posso nem dizer olá?", pensa, ressentido. Acha uma tremenda injustiça, já que se considera um homem decente e gentil. Ele não *aceita* o jeito que Bia o trata, e começa a questionar o esforço na relação: "Eu faço tudo por ela. Tudo mesmo! Por que só me critica? Parece que sente *prazer* em me irritar. Em me fazer *sofrer!*"

De repente, o estopim. Um grito aterrorizante irrompe da tela, aumentando a tensão. Quanto ao filme? Nada! Eles não conseguem prestar atenção. Mas lembre-se: eles não estão no trabalho, nem em qualquer outro lugar. Fisicamente, estão no cinema. Agora, suas mentes... ah, estão fazendo eles vagarem por aí. Eles estão no mundo dos pensamentos. Sofrem sem perceber, presos em um ciclo interminável de imagens que dominam seu campo perceptivo.

A pergunta-chave

E você? Já está reconhecendo algum Leo ou Bia dentro de você? Talvez você também esteja se perdendo em pensamentos e incômodos que parecem não lhe abandonar.

E se eu lhe disser que todas essas histórias angustiantes são apenas narrativas contadas pela sua mente?

A batalha de Leo e Bia revela a habilidade da mente em nos enganar, nos envolvendo em tramas emocionais intensas, onde pensamentos, sentimentos e emoções acabam nocauteando nossas vidas.

Mas há saída — ou melhor, entrada!

As portas da nossa Seita revolucionária se abrem agora. Achou que estava entrando em um clube secreto? Quase acertou! Mas aqui, a única "doutrina" que seguimos é simples: ajudar você a transformar sua vida com a aceitação da realidade e o entendimento da mente.

Juntos, vamos desarmar as tramas que tiram você da realidade e roubam sua felicidade, fazendo você mergulhar e se prender no mundo dos pensamentos. Prepare-se: a partir deste momento, sua vida vai começar a doer muito menos.

02

Como a Mente Conta Histórias: Pensamentos sem Fim

Quem nunca entrou na cozinha para pegar algo e, de repente, se esqueceu do motivo? Momentos como esse são comuns no nosso dia a dia. Assim como Leo e Bia, todos nós somos arrastados por um mar de pensamentos, seja no trabalho, no lazer, nas tarefas domésticas ou até mesmo enquanto escovamos os dentes. Somos prisioneiros da nossa própria mente.

E a razão por trás disso pode surpreender. Em mais de 40 anos como médico psiquiatra, percebi que entre 50% e 70% do nosso comportamento é involuntário, movido por pensamentos e sentimentos que nem sequer percebemos.

Isso significa que podemos passar apenas 30% do nosso tempo em contato direto com a realidade — algumas horas por dia! E o restante? Passamos planejando, reagindo, resmungando, sonhando, desejando, nos preocupando — ou simplesmente fazendo as coisas no automático, sem prestar atenção. Em outras palavras: vivemos no mundo mental.

Fig. Com a cabeça cheia de pensamentos, ficamos desatentos. Ou estamos no mundo dos pensamentos, ou no mundo real.

Entender isso ajuda a evitar nos sentirmos culpados por agir como agimos, porque todo comportamento humano tem um motivo. Leo não tem culpa de sentir ansiedade e irritação. Bia não é culpada por seu ciúme, por não conseguir parar de pensar e viver toda aquela aflição. Como eu sempre digo, "ninguém tem culpa de nada", e você entenderá o porquê ao longo do livro.

Quem pensa não presta atenção!

Nossa atenção só pode se concentrar em uma coisa de cada vez: ou nos pensamentos, que estão dentro de nós, ou na realidade externa. Por isso repito muitas vezes: quem pensa não presta atenção. Está assistindo a um filme da mente! E quem presta atenção, não pensa — está atento ao mundo ao seu redor, e não está perdido em pensamentos.

Vamos fazer um teste rápido: pare por 30 segundos e preste atenção apenas na sua respiração. Percebeu como os pensamentos vêm, pulando como bolinhas de "ping-pong"?

É provável que, antes de chegar à metade, sua mente já tenha enviado uma "notificação": talvez algo a resolver, uma mensagem a responder, ou que você está com sede. Pode ser que você tenha pensado no próprio emprego, na vida ou nos relacionamentos, revivendo diálogos ou incômodos com chefes, colegas e familiares.

Impressionante, não é? Agora que identificou isso em suas próprias experiências, percebeu o quanto somos influenciados pela mente.

Essa nossa tendência de divagar desperta o interesse da ciência. Estudos da Universidade de Harvard descobriram que passamos mais da metade do dia perdidos em pensamentos — e que uma mente "andarilha" não só nos afasta do presente, como também rouba nossa felicidade. Pois é, enquanto você toma banho, sua felicidade pode estar escorrendo pelo ralo junto com a espuma do sabão.

E ao dirigir? Segundo a revista *Frontiers in Human Neuroscience*, esse índice de desconexão pode chegar a 70%. Lembre-se disso na próxima vez que pegar ao volante!

E a coisa ainda pode piorar: a influência da mente vai muito além de pensamentos passageiros. Não quero apavorar você, mas emoções e sentimentos produzidos pelo pensamento — como ciúmes e raiva — podem ser a raiz de suas doenças, tanto mentais quanto físicas.

Bugs no Sistema

A mente é invisível — não podemos vê-la ou tocá-la — mas exerce um poder incrível: ela assume o controle do nosso comportamento de forma automática. Pense nela como um software rodando no hardware do cérebro. Como qualquer sistema, ela pode apresentar "falhas" que afetam tanto nosso bem-estar quanto nosso comportamento. E pasme! Ela pode até "atacar" nossos órgãos, contribuindo para doenças crônicas, como aquela azia que não passa com remédio ou aquele cansaço que nem o descanso alivia.

Já sentiu algo parecido? Aposto que sim! Então prepare-se para se reconhecer e se surpreender como nunca antes na "Sessão Terror", onde desvendaremos a ligação mente-corpo, repleta de vilões ocultos e histórias reais. Aguarde!

Uma Boa Notícia

Aqui você encontrará ferramentas simples e eficazes para reduzir o barulho do seu "cineminha interno" e finalmente amenizar os incômodos causados pela mente.

O objetivo principal deste livro é aumentar sua consciência, para que você ganhe mais contato com a realidade. *Consciência* é a capacidade de estar alerta, enxergar a realidade como ela é e compreender tanto o mundo ao seu redor quanto o que se passa dentro de você — seus pensamentos, sentimentos e reações. É como acender um holofote gigante que ilumina sua compreensão sobre si e sobre os outros.

Você vai descobrir como melhorar seus relacionamentos, lidar com preocupações e parar de reclamar e brigar — afinal, tudo isso nos desgasta muito. Também aprenderá truques práticos para aumentar sua energia e autoestima e diminuir crises de raiva e ciúmes, que trazem sofrimento e atrapalham sua vida.

E o mais importante: o único investimento necessário será em você. O retorno por seu esforço é inestimável: uma qualidade de vida muito melhor. Com certeza, isso é o melhor negócio que você pode fazer!

Exercícios

Objetivo: Aumentar a consciência dos pensamentos automáticos e enfraquecer sua influência.

Missão Atenção — Espiã Mental: Durante uma tarefa simples, como jantar ou assistir a um filme, note quando sua mente começa a divagar. O que a distraiu? Está pensando no trabalho? Nos problemas? Naquela resposta genial que não deu para quem irritou você? Apenas se atente aos pensamentos que surgirem — sem brigar com eles! Identifique que são pensamentos.

Foco nas sensações: Escolha uma tarefa diária, como lavar louça. Durante essa atividade, concentre-se inteiramente no que está fazendo. Note as sensações da água, o som dos pratos, o cheiro do sabão. Sempre que sua mente divagar, gentilmente traga sua atenção de volta para a tarefa. Esse exercício treina foco e presença, ajuda a enfraquecer o domínio dos pensamentos — e, ainda, torna o que você está fazendo mais interessante!

03

Como Pensamentos se Formam

Você já sentiu aquele arrepio de um beijo maravilhoso? Esse momento mostra o corpo e a mente trabalhando juntos, respondendo a estímulos físicos e emocionais e configurando as representações que habitarão sua mente.

A emoção vivida se transforma em uma imagem: nesse caso, o ser amado. Toda vez que você lembrar daquela pessoa, a sensação do beijo maravilhoso dela virá à tona. E tem mais: toda vez que você der um beijo maravilhoso, lembrará da bendita pessoa. Que sina!

Mas como o cérebro transforma essas experiências em pensamentos que moldam nossa visão de mundo? Vamos explorar esse fascinante processo.

O Que Estimula Você?

"Um pensamento é uma imagem, como uma fotografia tirada pelo cérebro, guardando o que sentimos e vivemos."
— Isaac Efraim

Tudo começa com a resposta imediata do corpo aos *estímulos* externos: luzes, sons, cheiros, sabores e texturas. Nossos sentidos captam esses estímulos e os transformam em *sinais elétricos* que percorrem o corpo através das células nervosas. Essa excitação se transforma em uma *sensação*, como frio, calor, fome, saciedade, prazer ou dor — reações diretas ao ambiente.

O cérebro, então, processa essas experiências e as armazena como imagens que não são apenas visuais — mas também incorporam sons, aromas, sabores e texturas. Tudo isso desemboca na *percepção* — o modo como damos sentido ao mundo ao nosso redor.

A percepção nasce tanto da consciência — quando estamos em contato direto com a realidade — quanto das imagens criadas pelo cérebro. Mais do que captar sensações, a percepção dá um sentido a elas, interpretando essas experiências com base nos padrões de pensamento que construímos ao longo da vida — nosso processo cognitivo.

O processo cognitivo (conhecimento anterior) é o que transforma uma simples sensação em percepção. É através dele que nosso cérebro organiza tudo o que vivemos — seja pensando, lembrando, percebendo ou aprendendo. E é a partir desse conjunto de percepções que se forma o nosso campo perceptivo: o resultado do que captamos da realidade, que chega até nós já distorcida pelas nossas percepções.

Que tal um exercício para entender como isso funciona?

Pense em uma experiência, boa ou ruim, como um elogio inesperado ou um grito de alguém. Veio uma imagem à sua cabeça?

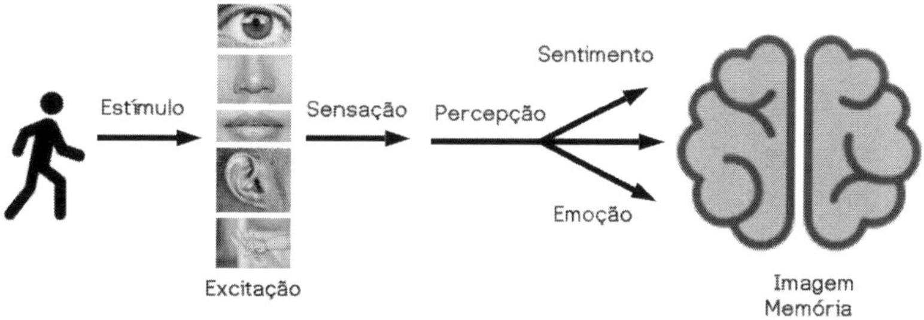

Fig. Os sentidos funcionam como portais para o mundo exterior. O contato do corpo físico externo com o corpo físico interno gera uma sensação.

São tantas emoções

Você já "perdeu a cabeça", reagindo a algo intensamente? Foi intenso, mas passou rápido, não é? Essa é uma das diferenças entre emoção e sentimento. A emoção é um sentimento automatizado: surge de forma imediata, intensa e não passa por elaboração — simplesmente dispara diante de um estímulo e tende a ser mais forte e simples, mas passageira. Emoções como a raiva, a alegria de reencontrar alguém que você ama ou a dor de uma perda ilustram bem essa intensidade.

Essas reações fortes podem distorcer nossas percepções e pensamentos e atrapalhar a compreensão e raciocínio, levando-nos a decisões impulsivas. Paixão e raiva são exemplos de emoções capazes de tirar qualquer um do controle. A paixão é aquele turbilhão que desperta fantasias e faz você vibrar de emoção. Mas a raiva também faz vibrar! Ficar "doente de raiva" não é apenas força de expressão: emoções destrutivas e intensas podem realmente nos adoecer, causando desgastes emocionais e até depressão.

As imagens que guardamos podem ser reativadas a qualquer momento, despertando emoções e provocando reações físicas imediatas baseadas em nossas experiências. Já percebeu como o aroma de um prato pode levar você direto para a cozinha da sua avó? Ou como uma música pode trazer à tona um amor antigo?

Os sentimentos envolvem processos cognitivos mais complexos. Pense em uma vez em que você "pegou birra" de algo ou alguém. Ainda sente essa aversão? Sentimentos, como amor, mágoa ou incapacidade de perdoar, não vêm e vão como as emoções: são mais profundos. Eles criam raízes na mente — e podem durar uma vida inteira.

Aprendizado e sentimentos estão conectados — um não existe sem o outro.

E os pensamentos? São representações de emoções e sentimentos

Compreender como sensações e sentimentos se conectam é essencial para entender melhor como funcionamos. Tudo começa com as sensações, passando pelas percepções, emoções e sentimentos que viram imagens: os pensamentos. É nesse ciclo que fatos simples do dia a dia — como uma conversa no trabalho ou um encontro com a família — podem moldar nosso comportamento e visão de mundo.

No próximo capítulo, veremos como os pensamentos distorcem a realidade, transformando nossa vida em um drama digno de um Oscar.

Exercício

Você Dirige a Cena! Objetivo: Entender o funcionamento das imagens. Feche os olhos e imagine um elefante rosa com asas voando, deixando um rastro de purpurina no céu. Sinta a vibração e ouça os sons de suas asas. Essas são imagens que criamos: elas se juntam e se organizam fazendo o elefante rosa existir.

Reviva uma Memória. Objetivo: Compreender como os estímulos geram sensações e imagens mentais. Feche os olhos e reviva uma memória emocional (boa ou ruim). Concentre-se nos detalhes: o que viu, o que ouviu, o que sentiu fisicamente. Como sua mente trouxe de volta as sensações daquele momento?

04

O Papel do Pensamento: Interpretação e Reação

E o prêmio do Oscar de melhor fantasia vai para... os pensamentos!

Os pensamentos são a unidade básica da mente. Cada imagem se liga a outras, criando um cenário mental — e esse cenário é a própria mente.

Cada cenário mental forma uma história única, composta por imagens que representam sensações, sentimentos e emoções vividas. Para organizar e dar sentido a essas histórias, a mente estrutura esses cenários, fazendo com que tomem forma de julgamentos, valores e ideias.

Nossas experiências de vida — traumas, genética, cultura, ambiente, educação e religião — influenciam como essas imagens se conectam e determinam como percebemos a realidade.

Leo, por exemplo, foi criado em um ambiente conservador. Seus valores sobre costumes e tradições diferem bastante dos de alguém criado em uma família liberal. Isso influencia suas decisões diárias e interações sociais. Ele prefere se relacionar com quem pensa como ele.

Você também faz assim?

A verdade é que todos agimos assim! Nos identificamos com o que é parecido conosco ou com o que já conhecemos, reforçando nossos próprios padrões automáticos de pensamento — reações sistematizadas que surgem das situações que julgamos.

Interpretação: o pensamento como tradutor

A mente segue seu próprio roteiro — e adora criar problemas! Imagine aquele clássico jogo de "telefone sem fio": cada pessoa entende uma mensagem de maneira diferente. O pensamento faz algo semelhante.

Ao reagir aos estímulos diários, o cérebro resgata padrões de pensamento que alteram como percebemos a realidade, levando-nos a um determinado comportamento. O pensamento julga tudo, fazendo-nos acreditar em conceitos como "isso é certo, isso é errado" e "é assim que as coisas funcionam". Ele deseja que a realidade se encaixe em nossas ideias pré-concebidas, porque isso traz prazer.

Essa interpretação distorce as situações e as intenções dos outros. Imagine alguém franzindo a testa enquanto você fala: você interpreta como desaprovação, mas, na verdade, a pessoa está apenas concentrada.

De forma semelhante, Bia viu sua chefe irritada e concluiu que era por sua causa. No entanto, na realidade (a consciência), isso não tinha nada a ver com Bia! A irritação da chefe estava ligada a uma dor de dente. Mas o pensamento de Bia entrou em cena, alterando a realidade — fruto de uma imagem distorcida.

Às vezes, os pensamentos são tão intensos que nos confundem com a realidade — quase como uma forma de loucura — como se estivéssemos vivendo no filme da mente. Perdemos a noção do que está acontecendo, a ponto de não notarmos o que está bem debaixo do nosso nariz! Ou seja, nossa capacidade de percepção desaparece.

Isso vale tanto para quando procuramos os óculos que estão em nossa testa quanto para a situação de Leo e Bia no cinema. O único "filme" ocupando suas cabeças eram as imagens criadas pelo cérebro, que eram ilusões: não estavam ocorrendo naquele momento. Eles foram buscá-las na memória.

⚠ Atenção! Apesar da natureza fictícia, os pensamentos têm o poder de influenciar a realidade. Se você acredita que alguém lhe tratou mal, seja falando algo que não gostou, ou não respondendo às suas mensagens, isso afeta seu estado emocional e físico. Você se chateia, sua energia cai, seu corpo reage, e, de repente, até aquela azia piora. Tudo isso por causa de uma interpretação equivocada!

Reação: o pensamento como ator

Além de interpretar, o pensamento também reage à própria interpretação.

Você conta um problema a um amigo, e ele faz uma cara feia. Como você aprendeu que isso significa insatisfação, aquilo o incomoda — afinal, se ele está insatisfeito, você não pode sentir prazer, não é?

A sua reação será correspondente a eliminar a insatisfação do outro. Nem é preciso dizer que a cara feia dele era só porque ele estava com fome!

Esse ciclo — interpretação seguida de reação — mostra como os pensamentos agem nas nossas vidas. E sabe o que é pior? Esses padrões tendem a se repetir.

Eu aposto! Se você já parou de falar com alguém por causa de um mal-entendido, é provável que isso volte a acontecer. É um processo dinâmico: não vemos as coisas como elas são, mas como pensamos que são.

Só por curiosidade: por acaso, você já decidiu cortar contato com alguém após um desentendimento?

É a força do pensamento atuando em sua vida!

Os pensamentos seriam fortes concorrentes ao Oscar de melhor fantasia, concorda?

Identifique e reconheça: Quais dos seus pensamentos poderiam estar nessa disputa, e como eles estão "fantasiando" seu dia a dia? Será que "eu não sou bom o suficiente" ou "fulano fez isso de propósito" já são candidatos?

Os Pensamentos positivos: Tudo vai dar certo?

E quanto aos pensamentos positivos? Seriam eles a salvação?

E lá vêm as fadas... Contrariando a crença popular, a resposta é *não*!

Pensamentos positivos são apenas mais um tipo de ilusão. Eles também são ficções que nos impedem enxergar a realidade e nos afastam dela.

Frutos da nossa imaginação, eles criam um cenário idealizado, impossível de ser alcançado, gerando frustração e sofrimento. Falaremos mais sobre isso ao longo do livro.

Lembre-se: todos os pensamentos têm um poder hipnótico. Repetidos à exaustão, eles não só criam raízes profundas, mas tecem as teias de aranha — nossas crenças e padrões — que nos aprisionam longe da realidade.

Exercício

Escolha um momento recente em que você sentiu que alguém ignorou ou tratou você mal. Isso foi a realidade ou uma distorção do pensamento? Tente ver a situação por outro ângulo e note como isso muda sua percepção.

05

A Mente é o Pensamento

Como a Mente Ganha Vida Própria

Vamos agora entender melhor a nossa estrela principal: a mente humana, a maior influenciadora de nossas vidas.

A mente, que é um conjunto de imagens, ocupa o espaço da consciência — compreender isso é essencial para uma mudança significativa em sua vida.

A mente nasce da atividade cerebral. O cérebro a esculpe como um artista, a partir de pensamentos simples que evoluem em estruturas cada vez mais complexas. Lembra quando você aprendeu algo, como dirigir ou pedalar? No começo, exigia foco total. Depois, virou um hábito automático.

À medida que ganha forma e padrão, a mente passa a operar de maneira independente. Crescida e bem alimentada por nossas experiências, ela expande seus domínios e captura nossa atenção.

O resultado? A mente influencia diretamente nossas ações, tendo o poder de moldar nosso humor, decisões, sentimentos e emoções. Despertada pela interpretação dos estímulos, ela altera nossa compreensão da realidade, contaminando e poluindo nossa consciência com pensamentos.

A Voz que Julga e Hipnotiza

Sabe aquela voz interna que não para de falar, dando palpite em tudo? É a mente! Como uma juíza implacável, ela analisa, compara e julga, querendo interferir em tudo ao nosso redor. Ela bate o martelo e aplica veredictos sem chances de defesa: "Você sempre erra", "Preciso ganhar mais dinheiro", "Sou vítima da inveja dos outros".

Agora, reconheça: quantas vezes você já aplicou sentenças sob o domínio dessa juíza?

É comum julgarmos, mas cuidado! Esses julgamentos da mente podem ser equivocados.

Como a mente distorce nossa vida

"A culpa é um sentimento de dívida que pode até destruir as nossas vidas." — Isaac Efraim

Você já se perguntou por que sente culpa, mesmo por coisas fora do seu controle?

A culpa é um exemplo clássico da distorção de nossa percepção. A mente sempre traça um trajeto ideal para que tudo dê certo. E, quando não conseguimos atender às suas expectativas, ela começa a julgar e nos culpar.

Mas a culpa é uma *ilusão*! Ela é um sentimento produzido pela mente e não existe na realidade externa (exceto no sistema judiciário). Ela é criada por nossos pensamentos, fruto do nosso julgamento e da nossa imaginação. Lembre-se disso sempre que sentir culpa — ou tentar culpar alguém.

A culpa desempenha um papel de destaque em nossas vidas, e muitos de nós a sentimos. Por isso, preparamos um capítulo especial para que você possa entendê-la melhor e aprender a lidar com ela.

Desejos e Apegos

Os padrões mentais vêm acompanhados de sensações que nos levam a desenvolver desejos e apegos. No desejo, buscamos reviver sensações, sentimentos e emoções representados como pensamentos de prazer dentro de nós. No apego, não queremos nos soltar deles. Curiosamente, podemos nos apegar e desejar até mesmo situações ruins.

Parece estranho? Mas acontece — e muito. Logo você entenderá o conceito de prazer por familiaridade.

Falando nisso, você já sabe a qual "coisa ruim" você se apega? Talvez esteja começando a perceber agora, enquanto lê? Vamos explorar isso nos próximos capítulos.

Amplificação, Ameaças e Pensamentos Negativos

A mente adora pegar um megafone e amplificar ameaças. Ameaça é tudo aquilo que pode nos fazer sofrer; é o medo de perder algo ou alguém. A mente, é claro, não gosta disso. Por exemplo: "Fiz algo errado. Meu chefe está bravo comigo. Ele vai me demitir". Esse medo excita ainda mais o cérebro, produzindo mais imagens, que nos afastam mais da realidade. De repente, estamos pensando: "Estou perdido, vai dar tudo errado, e a culpa é minha!"

Toda vez que nos deparamos com algo que parece nos tirar do caminho "ideal", estamos abrindo as "portas do inferno".

Leo, por exemplo, caiu nessa armadilha: "Bia não gosta de mim", "Ela vai me rejeitar", "não sou bom o suficiente para ela". E, então, a ameaça surgia: "Não dá mais para viver assim, vamos nos separar". Esses pensamentos o deixavam ansioso e até agressivo. A mente exibia um filme de terror em sua cabeça.

A tendência da mente de amplificar cenários é muito comum nas interações e comunicação entre as pessoas. Como cada mente aumenta, interpreta e julga de forma diferente, mal-entendidos e confusões acontecem. Essa dificuldade de comunicação é um dos desafios causados por nossa atividade mental.

Agora, vamos para mais uma revelação muito importante.

Você Não é a Sua Mente

Aqui está a grande revelação: sua mente não é você. Ela é um ser à parte que vive dentro de você. Ela se organiza e reage automaticamente, independente da sua vontade. Como veremos mais adiante, a mente sempre está em busca de um prazer imediato. Quando as pessoas entendem isso, suas vidas mudam — e a sua pode mudar também.

A mente de Bia, por exemplo, estruturou-se como controladora: aprendeu que controlar seria a forma mais eficiente de obter prazer e evitar a dor. Quando Bia "perdia" o controle ou acreditava ter causado algum contratempo, sua própria mente a torturava com culpa por isso. Essa culpa disparava muito além de sua vontade, corroía sua confiança no trabalho, alimentava o ciúme e a fazia se criticar por deixar os filhos com a mãe, mesmo em momentos de lazer.

Já nosso amigo Leo era dominado por uma mente insegura que interpretava até respostas simples como rejeições, desencadeando pensamentos ansiosos como "ninguém gosta de mim". Sentimentos como rejeição e ofensa despertam automaticamente, seja em Leo, ou em qualquer um de nós.

Mas entenda: Bia não é ciumenta e controladora, assim como Leo não é inseguro e reclamão. São suas mentes que os fazem agir assim. Espero que essa percepção transforme sua vida de maneira significativa, pois compreender que nossos pensamentos são distintos de quem realmente somos nos ajuda a perceber e lidar melhor com suas influências no nosso dia a dia.

Exercícios

Cineasta da Mente. Objetivo: Identificar padrões mentais. No final do dia, identifique os "gêneros de filmes" que dominaram sua mente. Foi um dia de comédia ou de drama? Isso ajuda a entender como seus pensamentos afetam seu humor.

Reflexão Sobre a Realidade vs. Ilusão. Objetivo: Aprender a identificar quando a mente cria distorções da realidade (distorções cognitivas). Descreva uma situação recente em que sentiu incômodo ou chateação. Em seguida, analise se algum pensamento distorceu a realidade (por exemplo, "Ela não gosta de mim" ou "Eu sempre falho").

📖 **Dica:** Pensar demais é como viver um filme ruim dentro da cabeça!

O Que Vem a Seguir? Prazer e dor estão por trás de cada escolha que fazemos. Esses dois opostos vão além das sensações, funcionando como forças biológicas que moldam nossas decisões e influenciam cada passo que damos.

Fig: Tropeçando em pensamentos — a mente disfarçada: quando pensamos, não prestamos atenção nas coisas ao nosso redor.

06

A Ciência do Prazer e da Dor

Só de pensar em certas situações, já bate aquele frio na barriga, não é? Uma entrevista de emprego, começar — ou até terminar — um relacionamento. Esses momentos provocam uma mistura de empolgação e medo de fracassar, que toma conta do corpo inteiro.

Essas reações parecem puramente emocionais, mas são na verdade reflexos biológicos. Já viemos assim de fábrica: nosso cérebro está programado para buscar o prazer e evitar a dor. Mas como essa programação cerebral opera no dia a dia?

Nesta seção, você vai entender como esses mecanismos básicos moldam suas escolhas e emoções, explorando como a energia psíquica — o combustível da mente — influencia diretamente a maneira como você vive e reage no dia a dia.

A Energia Psíquica: o Combustível da Mente

Você se considera uma pessoa feliz? Ou gostaria de entender por que não consegue ser? Talvez você sofra demais ou sinta que os obstáculos à sua frente são sempre maiores do que você consegue superar.

Entender a vida psíquica é mais simples do que parece. Tudo se resume à energia psíquica ou mental — "a força dinâmica por trás de todos os processos mentais". Ela é o combustível que impulsiona o pensamento, a memória, o aprendizado, a criatividade e as emoções.

Pense nessa energia como sua dose diária de vitaminas. Ao tomá-las, você sente mais disposição e saúde. A energia mental funciona de forma parecida: uma mente saudável tem boas doses de energia psíquica.

Mas de onde vem essa energia? Ela nasce das nossas experiências físicas e de nossa capacidade de sentir prazer. Quanto mais nos envolvemos em atividades prazerosas, mais aumentamos nosso nível de energia mental.

Altas sensações trazem altas intensidades. Sabe aquela vibração boa que sentimos ao realizar algo que nos orgulha? Dá uma satisfação e uma alegria contagiante — é a energia psíquica no pico. Quando ela está alta, vivenciamos as melhores sensações da vida: motivação, coragem, prazer, felicidade e confiança.

O oposto também é verdadeiro.

Quando ela está baixa, tudo se torna mais difícil. Sentimos frustração, esgotamento psíquico, mau humor, estresse e até burnout. E quando ela se esgota, a situação piora. Ficamos com dificuldade em encontrar prazer nas coisas e começamos a sentir sensações ruins. A depressão, a ansiedade, a angústia e a sensação de impotência ganham força, nos fazendo sentir incapazes de lidar com as demandas do dia a dia.

A essência da mente humana é buscar na realidade as representações mentais de prazer e evitar as de dor. Por exemplo, o diploma de médico representa, no meu mundo mental, uma sensação de prazer; assim, a mente me impulsiona a buscar o diploma no campo da realidade. Por outro lado, ser reprovado gera a sensação de dor — algo que a mente fará de tudo para evitar.

Meta da mente: buscar o prazer e fugir da dor

Imagine a cena: é um dia ensolarado. Você está no parque, relaxando e curtindo sua bebida favorita. Tudo parece perfeito. Até que, de repente, você ouve o latido desesperado de um cachorro. Seus sentidos se aguçam, e surge aquele frio na barriga. Ele corre em sua direção. Seu coração acelera. Será que ele vai atacar? Como você vai reagir?

A resposta vem do cérebro, nosso complexo centro de comando, composto por cerca de 90 bilhões de neurônios. Essas células excitáveis transmitem impulsos nervosos pelo corpo, reagindo a estímulos internos e externos. Cada neurônio pode fazer até 10 mil conexões, chamadas sinapses, que nos permitem pensar, sentir, processar informações, formar memórias e aprender.

Esses neurônios ficam "ligados" o tempo todo. Como pequenas antenas, eles captam os estímulos ao redor e transmitem rapidamente informações ao cérebro por meio de reações químicas. Por exemplo, ao ouvir música, alguns sentem arrepios ou até choram, enquanto outros podem sentir ansiedade, despertada por lembranças dolorosas.

Os neurônios operam com um padrão básico: buscar prazer e evitar dor.

Por um lado, buscamos prazer e energia, como quando fazemos o que nos agrada — comer algo delicioso, por exemplo. Por outro, nos esforçamos para fugir da dor, da perda de energia e do desgaste, evitando situações desagradáveis, como algo que azeda: seja uma comida ou um relacionamento.

Esse comportamento é governado por sentimentos de *filia* (atração e busca) e *fobia* (medo, aversão e evitação).

📖 Dica: Este é o grande direcionamento da mente humana: buscar o prazer = + energia; e fugir da dor = - energia.

Todos nós buscamos prazer: segurança, familiaridade, poder, controle, ganho e conforto. E, claro, evitamos ao máximo a perda, a insegurança, o medo e o sofrimento — a dor de perder, de sofrer, de ser devorado, do vazio, a dor física, a dor do não existir.

No nosso mundo mental, o simbólico ganha uma força enorme. Uma simples imagem, como a de um emprego perdido, pode carregar o peso de uma sentença de morte. Muitos de nós reagimos à possibilidade da perda como se fosse o fim do mundo, como se não pudéssemos simplesmente encontrar outro emprego.

O medo de perder algo — seja um emprego, uma pessoa querida ou qualquer outra coisa — é similar no plano mental, porque a ideia da perda representa a sensação de dor e sofrimento, algo que precisamos fugir. A intensidade dessa reação varia de pessoa para pessoa. Para algumas será mais grave, enquanto para outras, mais leve. Quem tem medo de fracassar, por exemplo, evita riscos e desafios, temendo a perda ou a decepção.

Até seres simples como a ameba, que não têm neurônios, reagem aos estímulos de maneira semelhante, buscando o que é benéfico e evitando o prejudicial. Afinal, quem não gosta do "bem-bom"? No mundo mental, conquistar o que se deseja e ganhar muito dinheiro são exemplos de situações de muito prazer que a mente quer buscar.

E a mente busca esse padrão porque enfrentar novas situações, como mudanças no trabalho ou na vida pessoal, provoca uma sensação de insegurança, medo de perder e indefinição

— e ela prefere ficar com o prazer: da segurança, familiaridade e poder.

Assim como as amebas, esses movimentos básicos fazem parte de nossa biologia e não podem ser evitados ou controlados.

Fig. Representação de um neurônio reagindo a estímulos, mostrando como ele se excita ao captar informações do ambiente e transmitir rapidamente ao cérebro através de reações químicas. Os neurônios buscam o prazer e evitam a dor.

Provocação: Qual é a diferença entre fugir de um cachorro bravo, explodir de raiva, ter uma crise de ciúme ou desistir diante de uma dificuldade? Nenhuma! Tudo isso é instintivo e automático. Compreender isso nos ajuda a explicar nossos comportamentos condicionados e mostra que é possível influenciar conscientemente essas reações. Assim, podemos gradualmente mudar comportamentos que nos prejudicam, porque continuar "explodindo" de raiva, ciúme ou viver na frustração, não faz bem, não.

Exercícios

Identifique e reconheça uma situação recente em que você sentiu prazer ou satisfação e algo que lhe causou dor ou desconforto. Como você reagiu? Quais emoções estavam envolvidas?

Aqui estão alguns exemplos simples:

- Ignorar uma mensagem para evitar estresse.
- Adiar uma tarefa difícil para não se frustrar.
- Fugir de um desafio para não sentir impotência.

Reflexão: Como sua mente ativou a ação de buscar prazer ou evitar dor? Perceba como esses padrões automáticos influenciam suas escolhas e emoções. Comece a observar também seus níveis de energia psíquica e como eles influenciam suas decisões e afetam sua vida.

Provocação: A mente tenta constantemente nos enganar para evitar a dor. Qual dor sua mente está tentando evitar neste momento? Talvez a dor de encarar a realidade, sempre se refugiando nas imagens mentais?

O que vem a seguir: Agora que entendemos como a mente busca prazer e evita dor, chegou o momento de investigar quais são os tipos de prazer que ela mais valoriza — mesmo quando nos fazem mal. Você vai conhecer a teoria dos Três Prazeres. Qual será o seu preferido? Será que ele está contribuindo para piora de sua qualidade de vida e saúde mental?

07

Os Três Prazeres: Segurança, Familiaridade e Poder

Campeões de Audiência

Chegamos à trilogia mais famosa da mente humana, sucesso absoluto de bilheteria. Muita ação e efeitos especiais, tudo para agradar a mente, digo... o grande público! Mas, como em todo bom enredo, as reviravoltas são garantidas: da alegria ao drama. Do drama ao fundo do poço.

Em cartaz: Qual é o seu grande "prazer" na vida?

Comer, beber, sexo, esporte, beleza...

Ah, esses são os clássicos. Provavelmente você não respondeu: brigar, controlar, cuidar... Opa! Há algo novo aqui. E nem dá pra tirar fotos desses prazeres para exibir nas redes sociais. Imagine a legenda: "Curtindo aqui com minha taça de ciúme". Pois é, a mente disfarça prazeres todos os dias, especialmente nos relacionamentos.

E aqui vem o ponto: o *Prazer*, em si, é um só, mas se manifesta de muitas maneiras. Nosso roteiro explora os *Três Prazeres mais comuns – Segurança, Familiaridade e Poder*. Sim, parecem tentadores. Mas, ainda que sejam tão atraentes, nos levam ao sofrimento. Isso ocorre tanto pelos obstáculos que temos para alcançá-los quanto pelo apego à sensação que eles provocam — algo que, com o tempo, se perde. E o resultado? Ansiedade, depressão e até uma sensação constante de vazio, de falta.

Preste atenção ao modelo que vamos apresentar, porque ele pode revelar padrões que estão afetando seu dia a dia sem que você perceba.

Vamos às definições:

- *Segurança* é o desejo que nada de mal aconteça, sendo imune a perigos. Quem não quer uma vida tranquila, sem sobressaltos?
- *Familiaridade*: é o sentimento de reconhecimento. Aquela sensação confortável de um lugar, uma rotina, uma pessoa — algo que faz parte do nosso mundo mental.
- *Po*der é a sensação de *controle* sobre o ambiente e as pessoas. Não há diferença essencial entre Controle e Poder. Poder é a capacidade de determinar o que acontece ao nosso redor.

Quantos desses prazeres você já percebeu guiando suas ações?

Vamos começar entendendo o maior e, muitas vezes ignorado, prazer: a *segurança*.

Segurança: o Porto (Nem Sempre) Seguro

Não é só o museu que vive do passado. A sua mente também.

Nosso cérebro busca a zona de conforto, um estado de equilíbrio mental onde tudo é previsível e conhecido. Diante do desconhecido, a mente entra em ação, preenchendo as lacunas com as representações dos próprios desejos. Ela recorre ao passado por um motivo simples: a sensação de segurança. Afinal, o passado é seguro — ele nunca muda.

Crianças adoram rever desenhos e filmes justamente por isso. A princesa acorda, a galinha volta pra casa, o sapo vira príncipe. Conhecendo o enredo, elas já sabem que nada vai dar "errado" no final.

E você, também gosta de repetição? Quem não gosta de saber o que vai acontecer, não é mesmo? Mas tem um porém...

⚠ Atenção! A mente gosta do conhecido — não importa o quanto seja ruim. Até mesmo um passado doloroso oferece segurança.

Por isso é tão difícil terminar um relacionamento infeliz ou buscar um novo emprego. Mesmo insatisfeitos, o ambiente atual, por pior que seja, oferece um senso de *segurança*. Ainda que o chefe seja bravo e injusto, já estamos acostumados!

A previsibilidade do conhecido parece mais atraente do que o risco do desconhecido, mesmo que isso signifique abrir mão de oportunidades melhores. Faz sentido, não é? Abrir mão da segurança é aceitar correr o risco da perda. E a mente não quer perder.

A mente, então, nos engana, sussurrando: "As coisas vão melhorar, confia em mim. Siga meu plano e será feliz". O problema é que você acaba agindo com base em sensações do passado. Consequentemente, as chances de tudo "dar errado" são grandes. Suas ações saem desastradas e negativas. Muitas vezes, a decisão tomada não é a melhor escolha.

Quando não conseguimos nos desvencilhar do sentimento de insegurança — ou atingir a sonhada estabilidade — a mente nos acusa. Ela põe a mão na cinturinha, aponta o dedo e diz:

"Você falhou!". Esse é o preço a ser pago por não se alcançar o prazer da segurança: a culpa.

A necessidade de segurança é muito forte em nosso desenvolvimento, especialmente durante a infância. Crianças precisam de estabilidade emocional e segurança familiar para se tornarem adultos equilibrados. Essa busca por segurança continua na vida adulta, e reconhecer seus padrões é o primeiro passo para lidar melhor com ela.

Segurança e Familiaridade muitas vezes andam juntas, de mãos dadas com o sofrimento.

Familiaridade: o (des)conforto no vivido

Por que nos prendemos a situações que nos fazem sofrer? A resposta está na armadilha da *familiaridade*. Tomemos meu próprio exemplo para explicar como isso se manifesta em nossas vidas. Eu, Isaac, fui criado por uma mãe que só me dava bronca. Esse sentimento ficou gravado em mim e, inconscientemente, sou direcionado a buscar pessoas que me dão bronca. Quando isso ocorre, encontro o prazer da familiaridade.

Desde a infância, nossas experiências constroem um repertório de sentimentos, que ficam representados internamente. Quando nos deparamos com situações que despertam esses sentimentos familiares, sentimos que sabemos exatamente onde estamos pisando. A mente, então, interpreta essas sensações como algo positivo. Assim, reforça um ciclo de repetição onde o prazer está em reviver o familiar, mesmo que seja desconfortável ou até doloroso, como levar broncas.

⚠ Atenção! A familiaridade, ainda que negativa, oferece conforto (prazer).

Para alguém que cresceu em um ambiente repleto de brigas e dificuldades, o conflito se torna um sentimento familiar, fortemente representado. Inconscientemente, essa pessoa se sente atraída por discussões ou situações de tensão — como aquele sujeito que vive brigando com a parceira. Depressão e ansiedade seguem o mesmo padrão de conforto no conhecido.

Crianças que tiveram poucos momentos felizes na infância, por exemplo, podem se acostumar à sensação de perda e infelicidade, carregando esse padrão pela vida.

Veja o caso de Bia, que chorava com frequência. Leo, irritado, a apelidou de "rainha do drama". Mas, ao chorar, Bia atraía atenção para si — e receber atenção dá prazer. O choro, então, tornou-se o caminho para obter a atenção que tanto desejava.

O choro surge quando um estímulo é forte. Como qualquer sensação intensa favorece um vício, essa intensidade pode levar ao vício em sofrimento.

Sim: a mente pode acabar se viciando no sofrimento.

Sentimentos familiares, mesmo que negativos, são cultivados sem que percebamos. A mente associa esses sentimentos a uma sensação de reconhecimento — um conforto familiar, ainda que doloroso.

Compreender como a mente se apega à familiaridade vai ajudar você a identificar a raiz do seu sofrimento crônico.

"O ser humano pode se viciar em tudo, até mesmo no sofrimento." — Isaac Efraim

Exercício: Reconhecimento de Zonas de Conforto Negativas

Objetivo: Identificar situações ou comportamentos que são

confortáveis mas negativos (ex.: quando sente familiaridade em situações ruins).

Identifique áreas da sua vida em que você se sente preso ou insatisfeito, mas hesita em mudar. Pode ser um relacionamento, ambiente de trabalho, hábito pessoal etc. Quais padrões você percebe? Que sentimentos negativos parecem difíceis de abandonar? Que vantagens você acredita obter ao permanecer nessas situações?

📖 Dica: Reconheça que essas situações, por mais familiares que sejam, podem ser prejudiciais.

Após entender melhor a segurança e familiaridade, vamos explorar como a busca pelo poder e pela perfeição pode nos enfraquecer.

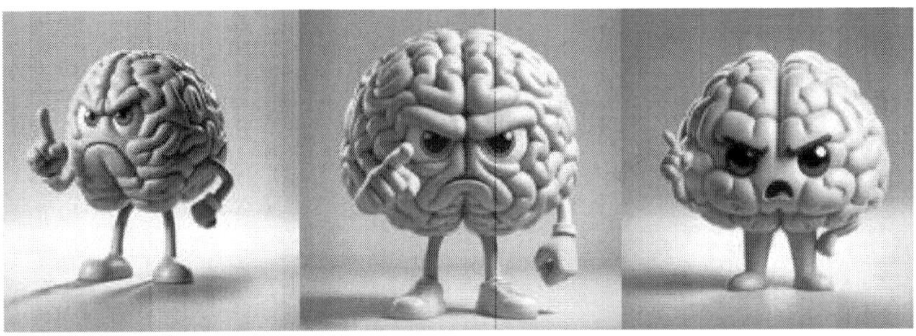

O Poder e a Perfeição: Rumo à Fragilidade

Todos nós, de certa maneira, buscamos o poder. O poder evoca imagens sedutoras de riqueza, conquistas e sucesso. Nas mitologias, as divindades personificam o poder absoluto, controlando todos os destinos: têm autoridade, recursos, força, privilégios.

Mas o que realmente define o poderoso? É a capacidade de impor sua vontade e influenciar o mundo ao seu redor.

A perfeição é a representação do "todo poderoso". Afinal, só ele é perfeito! E quem se considera perfeito sente que pode se impor sobre o mundo.

O prazer do poder vem da sensação de que conseguimos impor nossos desejos à realidade. Entre todas as formas de poder, a mais importante é a capacidade de mobilizar os outros em nosso favor. *Mobilizar* é fazer com que alguém sinta o que nós sentimos e se importe com nossa vida — seja por meio de admiração, apoio e atenção.

Mas, como tudo na mente, tem um porém.

⚠ Atenção! A busca pelo poder esconde uma triste ironia: ela nos enfraquece. Quanto mais poder desejamos, mais fracos nos sentimos.

Isso porque, ao almejarmos poder, criamos na mente uma imagem grandiosa, praticamente inatingível. Ao percebermos, na realidade, o quão distantes estamos dela, surgem sentimentos de inadequação, frustração, impotência e perda de energia.

Por exemplo, você cria uma imagem de superpoder na mente. Para alcançá-la, seria necessário trazê-la à realidade. Mas o esforço exigido é esmagador. Mesmo dando o seu melhor, talvez você não consiga. E, se conseguir, o preço será alto.

Imagine alguém que se dedica incansavelmente ao trabalho, acreditando que o reconhecimento e o sucesso profissional trarão a tão sonhada felicidade. Essa pessoa pode até alcançar seus objetivos, mas às custas de exaustão.

Essa busca por poder e perfeição afeta profundamente nossa autoestima e alimenta a autocrítica. A mente dispara: "Você não é bom o suficiente", "Você deveria ter feito mais", "Você nunca vai chegar lá".

E quanto maior a autocrítica, menor a autoestima.

Há muitos exemplos da busca pela perfeição. Pode ser que você queira uma família, um relacionamento ou um trabalho perfeitos.

Cuidado! Toda vez que você deseja ser perfeito, será tomado por um gasto interminável de energia, afinal, a perfeição exige isso. Sem energia suficiente, poderá ser acometido por um estado depressivo avassalador. A melhora só virá quando abandonar, gradualmente, esses desejos inalcançáveis — por mais desafiador que seja esse processo.

Lembre-se: Quanto mais desejamos ser poderosos, menores nos sentimos. Ao tentar construir uma imagem de poder com base no que vemos no mundo, nos enfraquecemos em vez de nos fortalecer. Mas não se esqueça: a promessa de poder da mente está baseada na idealização, não na realidade.

E a pergunta final é: Quais prazeres dessa trilogia são seus campeões de bilheteria?

Conclusão

Segurança, familiaridade e poder são padrões comuns de prazer, movidos por uma força biológica do cérebro. Curiosamente, o que agrada a mente nem sempre nos faz bem. Esse conflito de interesses é revelador. Reconheça e identifique esses padrões no dia a dia para ajudar a ampliar sua consciência.

O que vem a seguir? A busca pelo poder nos enfraquece, mas e quanto ao controle? Vamos descobrir como o desejo de controlar tudo, do ambiente às pessoas, afeta nosso jeito de agir.

08

Controlados pelo Controle

Você já sentiu que gostaria de ter um pouco mais de controle sobre sua vida? É um desejo natural. Todos nós, em algum momento, já quisemos ter as rédeas da situação, garantir que as coisas sigam conforme o planejado.

Você está esperando que eu apresente técnicas maravilhosas para você ter mais controle, não é? Na verdade, a ideia é o contrário.

Deixa descontrolar!

Nossa mente associa controle ao poder — e, como já vimos, a busca por poder nos enfraquece.

Como será que você controla? Neste capítulo, vamos explorar como o desejo de controlar tudo ao nosso redor pode gerar insegurança, ciúme, ansiedade e afetar nossa autoestima. O objetivo aqui é ajudar você a entender melhor essa característica da mente e lidar com ela de forma mais saudável.

E quando vier aquele desejo de controlar tudo, atente-se: é um sinal claro da sua mente em ação!

Controle: Domínio da mente

Controlar é acreditar que podemos moldar o mundo ao nosso redor conforme nossas vontades. É como se estivéssemos no comando de um jogo de causa e efeito: “Se eu agir assim, tudo sairá conforme planejei.” Essa mentalidade não é apenas uma atitude; é um sentimento.

O poder, como vimos, é querer que o outro nos obedeça. Buscamos impor nossa vontade porque isso nos traz prazer, uma sensação, ainda que ilusória, de domínio sobre as pessoas. Mas, interpretamos erroneamente essa relação de causa e efeito, acreditando que as reações dos outros dependem inteiramente de nossas ações.

A mente, então, grava um padrão distorcido: “Pensar é se proteger!” Assim, começa a projetar cenários negativos, fornecendo “razões” para continuarmos segurando esses pensamentos. Por exemplo: uma criança percebe que, ao gritar com a mãe, ela a obedece. Para ela, o grito passa a ser uma forma de controlar a situação e se sentir segura. A mente registra essa associação: gritar = resolver problemas.

Conforme a criança cresce, a mente cria um cenário em que gritar se torna uma necessidade para sentir-se protegida. Quando adulta, essa pessoa pode acreditar que precisa gritar, se impor ou até se vitimizar para alcançar seus objetivos, repetindo o padrão aprendido. Isso lhe dá uma sensação de poder, já que as pessoas tendem a se intimidar e ceder diante de tais comportamentos.

Quando nos deparamos com a insegurança e não a toleramos, buscamos automaticamente o controle para lidar com o desconforto da incerteza.

⚠ Atenção! Quanto menos conseguimos aceitar a insegurança, mais forte se torna nossa necessidade de buscar o controle.

As Máscaras do Controle

Aqui vai uma surpresa: o controle raramente se apresenta de forma óbvia, como alguém dando ordens ou batendo o pé. Ele é mais sutil. Cada pessoa controla de seu jeito, "escondido" em comportamentos cotidianos. Muitas vezes, nem percebemos que estamos tentando controlar.

Há aqueles que acreditam que controlam dominando; outros agradando. Alguns, com sua inteligência, outros sendo eficientes ao extremo, ou até mesmo por meio de sua aparência física — por achar que sua beleza traz privilégios, prestígio e valor.

E as preocupações? Sim! São um esforço para manter tudo sob controle. Uma mente ansiosa, que se preocupa excessivamente, está buscando uma forma de controlar o que está acontecendo ao seu redor. E, como um ciclo vicioso, a própria ansiedade alimenta ainda mais a preocupação.

Cuidar é uma forma prazerosa de exercer controle. Quando alguém se dedica a essa prática, um curto-circuito acontece no cérebro, despertando o desejo de cuidar ainda mais. Surge o pensamento: "Ninguém cuida melhor do que eu, então vou cuidar de tudo. A partir do meu cuidado, as pessoas ficarão gratas e farão o que eu quiser". Pessoas que se dedicam excessivamente aos outros, sempre prontas a ajudar, costumam agir assim.

O controle também aparece no perfeccionismo em qualquer atividade, ou na necessidade de planejar cada detalhe de uma viagem ou evento.

Cada um tem uma maneira própria de buscar o controle, mas todas as formas são, no fundo, tentativas ilusórias de conquistar segurança, poder e domínio sobre a vida.

O ciúme é uma das manifestações mais conhecidas — e destrutivas — desse padrão, como veremos a seguir.

Insegurança e Ciúme: Sintomas do "Descontrole"

"Até hoje me lembro de um amigo que me contava das crises de ciúme com sua namorada. Nunca fui ciumenta ou alvo de ciúme, então não entendia como ele conseguia viver naquela angústia toda. — Viver sem isso não tem graça. O ciúme é o tempero — ele dizia, ao mesmo tempo que sofria." — Cybele.

Temperinho do amor ou ingrediente para a dor? Longe de ser uma prova de amor, o ciúme é o sentimento de posse. Ele é muito mais que uma simples reação: essa emoção reflete nossa busca por controle e segurança. Disfarçado de preocupação ou cuidado, pode minar a confiança e a estabilidade dos relacionamentos.

O ciúme tem a capacidade de nos transformar: carrega um fogo de rancor, raiva e agressividade intensos. Mas, embora revele um desejo profundo por segurança, acaba gerando mais insegurança, angústia e sofrimento.

O caso da Bia: Desde o início do relacionamento com Leo, o ciúme de Bia se manifestava com força. Ela não conseguia acreditar que alguém pudesse gostar dela e vivia atormentada com a ideia de que Leo pudesse encontrar alguma mulher "melhor".

A única forma, em sua mente, de impedir essa perda era controlar todos os movimentos do Leo: vigiar se ele paquerava na internet, monitorar suas mensagens, e até impedir que saísse com colegas de trabalho. Mas, à medida que o controle falhava, a certeza da perda só aumentava em sua mente. O resultado? Tensão, insegurança, afastamento de amigos, desgaste da confiança no relacionamento, ansiedade e um medo constante de rejeição.

Bia acreditava que poderia controlar Leo por meio de manipulações e vigilância constante, querendo sempre saber onde ele estava. Nesses momentos, Bia se sentia segura. Ao se sentir no controle da situação, acreditava que tinha Leo em suas mãos, experimentando uma sensação de posse e poder sobre ele, que a obedecia.

Controlar o outro traz um prazer momentâneo, como um ritual mental que alivia a insegurança por um instante. Mas o medo volta logo depois, e o ciclo recomeça.

O ciúme é como um GPS travado: quanto mais você tenta seguir o outro, mais se perde no caminho para sua própria felicidade.

Entender que o ciúme nasce do desejo de controle é um grande passo para lidar com ele. Ao reconhecer que ele não ajuda e só atrapalha — desgastando a autoestima, minando os relacionamentos e roubando a paz — podemos desarmar esse ciclo e reduzir seus efeitos prejudiciais.

Autoestima e o Controle

Autoestima é o reconhecimento do nosso próprio valor. Uma pessoa controladora geralmente tem uma baixa autoestima, por acreditar que não tem nada de bom para oferecer. Por isso, sente a necessidade de controlar tudo e todos para ter mais "segurança". Ela não reconhece suas próprias qualidades e, quanto mais tenta controlar, mais evidencia sua falta de autoconfiança e insegurança, alimentando um ciclo sem fim.

📖 Dica: Quanto *menor* a autoestima, *maior* a necessidade de controle.

Por exemplo, um chefe que pratica a microgestão geralmente quer saber tudo que os subordinados estão fazendo. Isso gera tensão constante. Ele acha que, sem seu controle, o trabalho não será bem feito. O resultado? Acaba sobrecarregado, frustrado e se sentindo incapaz de atingir o nível que gostaria.

As interações nas redes sociais também revelam esse padrão de controle. Muitas vezes, buscamos mobilizar os outros por meio de nossas publicações, esperando *likes* e reações. Quando essa validação não vem, sentimos isolamento e insegurança.

Esse desejo intenso de controle tem o efeito oposto: gera baixa de energia, impotência e desmotivação. A ansiedade e a insegurança aumentam, alimentadas pelo medo de que, sem controle, perderemos algo importante e irrecuperável. Tentamos controlar para proteger a autoestima, mas, ironicamente, isso a enfraquece.

Liberte-se: Deixe as Pessoas Gostarem Menos de Você

Bia, Leo, o chefe, e até mesmo você, podem se beneficiar ao deixarem as pessoas gostarem menos deles. Ou até mesmo não gostarem! Que tal um movimento libertador? Deixe as pessoas não gostarem de você!

Quem tem boa autoestima sente que, mesmo quando algo não dá certo, seu valor próprio permanece intacto. Essa confiança não vem da busca por validação externa ou do desejo de agradar aos outros a qualquer custo.

Ela vem da autenticidade, da autoconfiança e do crescimento conquistados por meio dos resultados positivos de nossas próprias ações. Ou seja: quando nos envolvemos ativamente na realidade, saindo do mundo dos pensamentos.

Lembre-se: quando somos incapazes de aceitar ou suportar algo, somos impulsionados a controlar. O controle surge da sensação de que nossas ações podem garantir resultados favoráveis. Mas essa busca se transforma em um ciclo vicioso: ao tentar controlar tudo, geramos ainda mais ansiedade e insegurança, prejudicando ainda mais nossa confiança e valor próprio.

Exercícios

Como Eu Controlo? Identifique uma área da sua vida onde sente mais necessidade de controle. Qual é o "fator" que alimenta esse controle: preocupação, status, busca por reconhecimento, inteligência, bondade ou aparência física? Observe como esse comportamento afeta seus relacionamentos e bem-estar.

Autoestima e Controle: Escolha uma situação em que você geralmente assume o controle e experimente deixar que outra pessoa decida ou permita que as coisas sigam seu curso natural. Observe como você se sente ao fazer isso. Esse exercício pode revelar o impacto do controle na sua autoestima.

Desafio do Poder e Insegurança: Identifique uma situação recente em que você buscou controle para se sentir seguro. Essa tentativa trouxe a segurança que você esperava ou aumentou sua tensão? Reflita sobre como esse padrão afeta suas emoções.

Infográfico: o Ciclo do Ciúme

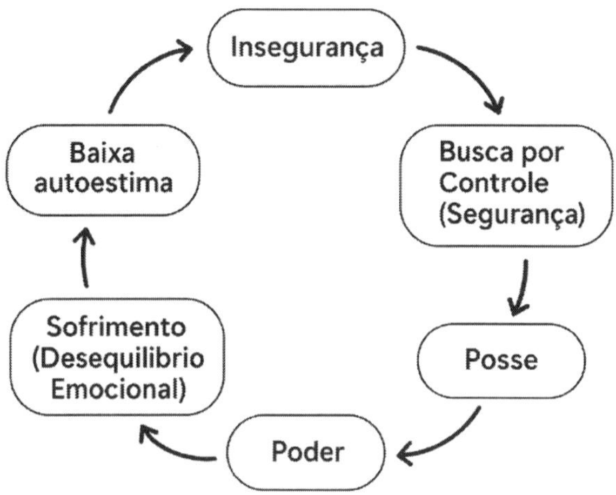

O Que Vem a Seguir? Você vai descobrir como nossos prazeres estão ligados às nossas pirâmides de idealização. Qual será o grande enigma de nossa pirâmide?

09

A Pirâmide da Idealização: Por que não conseguimos parar de pensar?

Mentes em fuga

Para fugir do desconforto e buscar prazer, a mente tem um rumo certo: o topo da pirâmide, onde tudo parece perfeito e seguro.

Todos nós temos nossas pirâmides, seja uma pequenina, como preparar uma refeição especial para quem amamos; seja uma gigantesca, como ser o melhor no esporte, no trabalho ou para a família. O que elas têm em comum?

No topo de nossas pirâmides está a idealização — a conquista, o objetivo final, aquilo que nossa mente acredita ser a chave para a felicidade. Um verdadeiro paraíso, cheio de prazeres e sem sofrimento.

Para alcançar o topo, traçamos caminhos, planejamos passos e antecipamos desafios. Curiosamente, só o ato de planejar já nos dá uma sensação boa: de controle, esperança e de estar no caminho certo. Essa sensação de estar no caminho, por si só, já é uma idealização e já produz uma sensação de prazer.

O Enigma da Pirâmide

Mas, como toda pirâmide tem seu enigma, vamos logo desvendar o nosso. Por que a mente é tão ativa? Por que não conseguimos parar de pensar, nem mesmo ao tentar dormir?

Porque idealizar dá prazer — e o ideal para o ser humano é ter prazer o tempo todo, lembra?

Primeiro, porque idealizar cria a ilusão de estar no caminho certo; segundo, porque a mente não aceita estar no caminho errado. Ela se dá conta de que, mesmo em nossa escalada heroica, não está conseguindo chegar lá.

Na realidade, o topo da pirâmide pode se mostrar mais distante do que imaginamos. Ou ainda pior: nem existe no plano real. O paraíso da nossa mente é uma representação, uma fantasia.

Planos que buscam idealizações sempre acabam falhando. Nós nos frustramos, temos o sentimento de fracasso — Mas aceitar isso? A mente resiste: "Jamais!".

O contato com a realidade provoca sensações de excitação acompanhadas de insegurança. Cada nova experiência desagradável ou desafiadora ativa nosso cérebro, causando desconforto. E, para escapar disso, a mente recorre ao seu baú de memórias, buscando uma idealização para fugir dessa sensação. Ela transforma a insegurança na busca de algo mais familiar e agradável. Por quê? Porque isso dá mais prazer e mais proteção a ela!

O exemplo de Bia

Durante a pandemia, Bia teve que aprender a se comunicar com sua equipe pela internet, usando uma tecnologia que mal conhecia. Cada reunião era desconfortável: o coração acelerava, as mãos suavam, e os pensamentos corriam soltos. "Será que vão gostar do meu trabalho? E se a tecnologia falhar?" A cada vez que abria a câmera, era um desespero. Sua mente já ensaiava cenas desastrosas: uma tela congelada, a internet caindo, a equipe frustrada com sua incapacidade. Ela lembrava das pessoas que tinham esquecido a câmera aberta e mostravam mais do que deveriam! Que humilhação! Ela ficava apavorada.

Para escapar dessas inseguranças, a mente de Bia criava cenários idealizados, onde ela poderia sentir prazer sem as incertezas e sensações desconfortáveis da realidade: "Se eu tivesse um equipamento melhor, não precisaria me preocupar tanto. Se eu fosse rica, nem precisaria lidar com essa chateação! Se eu tivesse um príncipe encantado, então!..."

Quem nunca pensou assim? É como um alívio imediato. Todos fazemos isso: "Se eu fosse mais isso ou aquilo, tudo seria mais fácil." Nossa mente cria "filtros de ilusão" — como os filtros de beleza nas redes sociais, que mascaram imperfeições e criam imagens mais atraentes — para que novos fatos ou estímulos venham acompanhados de uma sensação de segurança.

Evitar desconforto e economizar energia é o lema da mente. Por isso, ela nos transporta para longe da realidade, para um mundo onde estamos "salvos", entrando em contato com nossas próprias idealizações. "Ai, que bom seria se..."

⚠ Atenção! Aqui vem uma reviravolta: A tendência da mente de idealizar para fugir do desconforto pode piorar nossa condição mental. Isso porque nos faz focar no que não temos e no que apenas imaginamos — e sim, os pensamentos positivos também entram aqui. Quanto mais nos apegamos às imagens, pensamentos e memórias, mais difícil se torna lidar com as sensações desagradáveis da realidade.

Entenda como isso funciona: Como no topo da pirâmide está o paraíso idealizado, a mente está constantemente traçando caminhos para chegar até lá. Por exemplo, para mim, o ideal sempre foi ser médico: pouco trabalho, muito dinheiro e respeito. Para alcançar esse objetivo, minha mente delineia o percurso — entrar na faculdade. Ao ser aprovado, antecipo mentalmente os prazeres de ser médico, como se já tivesse chegado lá. Na realidade, me iludo.

Quando enfrento as dificuldades reais do curso, me desiludo. Se não consigo entrar, sinto que falhei e perco meu refúgio de prazer, mergulhando na frustração.

Quando chegam a frustração e desilusão qual o resultado? Nossa mente tende cada vez mais a buscar refúgio na imaginação, nos aprisionando em um ciclo de frustração e insatisfação, agravando nossa saúde mental. É esse descompasso que mantém nossa mente tão ativa — e tão exausta. Em muitos casos, isso pode culminar em ansiedade e depressão.

Vivemos no mundo mental. E, embora existam estados patológicos ou psiquiátricos, é normal para todos nós viver no mundo da ilusão e da imaginação.

📖 Dica: Idealizações são representações mentais da sensação de prazer — a promessa de felicidade no final da escalada.

Exercício: Que idealizações sua mente cria para escapar do desconforto? Quais "pirâmides" ela constrói e que histórias conta para justificar a escalada? Durante a semana, pegue-se idealizando: o que sua mente imaginou que não aconteceu? Isso ajudará você a perceber os truques da mente em tempo real.

O Que Vem a Seguir? Agora que já sabemos o porquê da mente idealizar tanto, vamos descobrir quem acha que pode garantir sua chegada até lá. Será que você tem a roupa certa para esse evento tão importante?

10

Ego: o Planejador para o Topo

Quem nunca contou a famosa "história de pescador" para dar uma "melhoradinha" nos próprios feitos, impressionar e ser aceito? Esse é o ego em ação! Ele está presente nas suas reações mais sutis e nas escolhas mais significativas. Dizemos coisas como "Fulano tem um ego gigante" ou "Ah, isso acaricia meu ego", mas qual é o verdadeiro impacto do ego na sua vida?

No capítulo anterior, vimos que a mente cria idealizações, o topo de uma pirâmide que representa a conquista da felicidade. Vamos agora conhecer o incansável planejador por trás dessa escalada: o ego.

Ao buscarmos reconhecimento, segurança e poder, o ego cria nossa identidade para alcançar o que desejamos. Para o ego, planejar o caminho significa ter os atributos certos.

Esses atributos são nossas representações internas, como ter força, simpatia, beleza, riqueza, fama ou ser gente boa. Com eles, o ego acredita que temos a ponte ideal para o topo, podendo trilhar o caminho do prazer absoluto: mesmo que isso envolva contar umas mentirinhas ou quem sabe até puxar alguns tapetes. Porém, nessa busca persistente, o ego também nos faz tropeçar bastante.

O ego: o pensamento vira "EU"

O ego é a parte da nossa mente que assume nossa identidade. Ele organiza padrões de identificação — crenças, valores, memórias, experiências e até sentimentos — que nos iludem, fazendo-nos acreditar que somos uma unidade coesa e permanente.

Simplificando: o ego é a representação que temos de nós mesmos.

Pense no ego como o estilista da sua vida, que decide sua autoimagem e a veste com as roupas que acredita serem mais adequadas para impressionar o mundo e alcançar o topo da sua pirâmide.

Nossas crenças e experiências são como peças de roupa que acumulamos ao longo da vida, formando um guarda-roupas que é só nosso. Desde a infância, passamos a "vestir" essas "roupas", influenciados pelas situações que enfrentamos, com quem convivemos e por onde vivemos.

São trajes que vestimos sem questionar. Algumas peças são herdadas: em culturas cristãs, tende-se a adotar o cristianismo; em culturas budistas, o budismo. Uns são sambistas, outros rockeiros. Essas "camadas de roupas" sociais e culturais — influências externas — mudam conforme a época, ambiente e a sociedade, formando nossa identidade, o "eu": como se essas roupas se tornassem nossa própria pele.

Milênios atrás, os pensadores hindus já alertavam: o ego é uma ilusão da mente. Não existe um "eu verdadeiro" como algo fixo e imutável. O que temos, na verdade, é um conjunto de hábitos e comportamentos que repetimos na tentativa de controlar e influenciar o mundo ao nosso redor.

Ego em Construção: da Infância aos Prazeres

O ego se inicia no egocentrismo — a percepção de que tudo acontece em função de mim. Ele começa a se formar cedo, associado aos primeiros prazeres. Um bebê que chora e é alimentado começa a aprender que chorar traz resultados, plantando a sementinha do controle e da posse.

Na infância, essa lógica predomina, e passamos a acreditar que certos comportamentos nos garantem felicidade, segurança e sucesso. Uma criança que não é atendida pode pensar que "chorou errado" ou "não fez o suficiente", sem considerar outros fatores.

Definimos como "certo" aquilo que nos ajuda a obter o que desejamos.

Assim, o ego começa a exercer sua influência, assumindo que tudo no universo gira ao nosso redor. Passamos a operar no piloto automático, buscando manter a ilusão de que somos os protagonistas absolutos de nossa própria história. Essa ilusão se manifesta de duas formas:

- Internamente: Acreditamos que as coisas acontecem devido às nossas ações e decisões.
- Externamente: Acreditamos que moldamos a realidade com nossa intervenção nas situações.

Essa necessidade de controle se reflete em nossos relacionamentos e decisões diárias. O marido que faz cara feia para a esposa ceder ou o chefe que grita com os funcionários são exemplos de como o ego busca dominar e ter tudo o que deseja.

O ego se sente poderoso quando os outros obedecem, mas ignora que, muitas vezes, as pessoas cedem por medo, dependência ou outros fatores externos. E quando percebe o prazer ou o poder escapando, o ego veste sua roupa mais estratégica, revelando sua face manipuladora: "Maquiavélego".

"Maquiavélego": Chantagem e Manipulação

O ego tem suas táticas, recorrendo à chantagem emocional e comportamentos manipuladores para manter o controle e conseguir o que deseja. Frases como "Se você realmente me amasse, faria isso por mim" ou "Depois de tudo que fiz por você, é assim que você me retribui?" mostram como ele sabe explorar sentimento de culpa e medo.

Em outras situações, age de maneira mais sutil, manipulando com elogios estratégicos, meias-verdades ou omissões — como o colega que enaltece seu trabalho só para convencê-lo a assumir tarefas extras. Apesar de parecerem eficazes, essas estratégias são tóxicas: desgastam relações e nos aprisionam na ilusão de controle criada pelo ego.

Outra estratégia sutil do ego? Acreditar para controlar.

Superstições e crenças: o ego disfarçado de sorte

Quem nunca desviou de uma escada para evitar azar, mesmo sabendo que o universo não se importa conosco? Eu, Cybele, por via das dúvidas, desvio! Assim como o Leo, que também acreditava no poder de sua "meia da sorte" para eventos importantes, como passar em uma prova.

Se você, como o Leo, tem um objeto da sorte, talvez se pergunte: qual é a relação entre essas crenças e o egocentrismo? A resposta é simples: quando acreditamos que objetos ou rituais trazem sorte, estamos associando um movimento mental interno a uma sensação de conforto e proteção. Essa conexão é ilusória; o objeto em si não afeta diretamente o resultado que desejamos.

O ego se disfarça em crenças, sejam religiosas, supersticiosas ou morais, oferecendo uma falsa sensação de controle. Essa tendência de ver o mundo através dessas crenças reflete um "ego inflado", que nos coloca no centro do universo, como se nossas ações tivessem um impacto desproporcional no mundo — quase como se tivéssemos um superpoder!

Considere o exemplo de um torcedor cujo time perde uma partida. Ele pode acreditar que, se tivesse vestido uma camisa específica, ou indo ao estádio, o resultado seria diferente. Esse tipo de pensamento mostra como frequentemente atribuímos a nós mesmos mais controle e poder do que realmente temos.

Acreditar é um processo mental que nos afasta do contato com a realidade. Há quem se sinta tão especial que acredita que tudo o que possui é porque mereceu. Quando alguém acredita estar protegido de todo mal, pode se sentir seguro — mas também pode ficar menos preparado para enfrentar desafios inesperados. Embora a fé e as crenças tragam conforto e esperança, elas não têm, por si só, o poder de nos aproximar da realidade.

Quando usamos superstições, interpretações religiosas ou regras morais principalmente para tentar controlar o incontrolável, a mente está agindo com base em mecanismos egocêntricos — como se dissesse: "Eu acredito nisso, que me dá segurança, então aquilo acontece porque estou protegido(a)". Isso reforça nossa ilusão de controle.

É importante lembrar: esta discussão sobre o egocentrismo é baseada em princípios psicológicos e não pretende desvalorizar ou julgar qualquer sistema de crença específico. Respeitar todas as formas de crenças e sistemas religiosos é fundamental. Entender como o ego se esconde nas crenças pode nos ajudar a viver de maneira mais equilibrada, menos influenciada por ilusões de controle.

Seria uma boa ideia saber o tamanho do nosso ego para começarmos a evitar problemas, não? Então, vamos medi-lo — sem precisar de régua!

Medindo Seu Ego

Saber o tamanho do seu ego é simples: quanto mais você se apega aos seus pensamentos, mais egocêntrico você é, porque o ego é, basicamente, tudo o que a mente pensa.

Isso se reflete também nas nossas idealizações. O ego idealizado é o que vai nos levar ao planejamento do topo da pirâmide. Por exemplo, se eu me vejo como uma pessoa inteligente e percebo que isso me ajuda a conquistar as coisas que eu idealizo — como admiração, um bom emprego ou uma situação financeira melhor — naturalmente, eu sou mais apegado a ele. Eu me encho de orgulho. Mas, se alguém questiona minha inteligência, isso rasga o meu ego no meio. Quebra a imagem que tenho de mim mesmo.

Quando nos identificamos demais com o nosso ego, interpretamos críticas como um ataque pessoal. Se alguém rasga uma dessas peças — seja criticando nossa aparência, nossa religião, nosso status ou time de futebol —, sentimos que nos atacaram diretamente, como se "doesse na nossa pele". Ficamos ofendidos, sem perceber que essas referências, externas a nós, não definem quem realmente somos.

Um ego forte distorce nossa percepção, exagerando a importância das coisas. De repente, qualquer comentário vira um drama, e as reações emocionais que surgem daí podem prejudicar nossos relacionamentos e nosso bem-estar.

Quando o Ego Fala Alto: Exemplos de Leo e Bia

O Leo, por exemplo, brigou com amigos por causa de futebol e ficou furioso quando familiares criticaram sua casa. Para ele, a crítica não era sobre tijolos e concreto, mas sobre sua própria identidade e esforço ao comprá-la.

Já a Bia adora compartilhar suas ideias, mas se alguém discorda, ela reage agressivamente. Certa vez, atirou uma folha de trabalho em uma colega que sugeriu mudanças, dizendo: "Toma, faz você!" Pessoas egocêntricas têm dificuldades em aceitar opiniões contrárias, revelando a rigidez do ego.

Essas situações podem parecer extremas, mas quem nunca sentiu desconforto ao receber uma crítica inesperada? São momentos em que o ego se manifesta.

⚠ Atenção! Você costuma reagir a uma crítica como se fosse um ataque pessoal? Se alguém questiona seu jeito de ser ou suas opiniões e isso parece "cutucar seu coração", perceba: Isso é um sinal de que seu ego está dominando você.

O ego é uma das personificações da mente

Toda manifestação de ego é manifestação da mente, querendo que o mundo seja em função de nós. Quando o ego veste nossa identidade com camadas de crenças e atributos, ele passa a protegê-la como se fosse sua vida. O ego busca aprovação e validação externa, inflando a autoimagem e evitando situações que possam expor falhas ou fraquezas. Porque, no fim das contas, o ego vive de aparências.

Qualquer crítica ou contrariedade é vista como uma ameaça à imagem cuidadosamente construída, desencadeando reações emocionais intensas. Todos nós temos essa tendência, e poucos conseguimos superar esses comportamentos.

Reconhecer esses padrões automáticos do ego é importante para enfraquecê-lo e construir relações mais saudáveis e equilibradas.

"Quanto mais ficamos presos no pensamento, mais egocêntricos somos, porque mais a mente (o ego) nos controla." — Isaac Efraim

Exercícios

Espelho, Espelho Meu, Quem é Mais Egocêntrico do Que Eu? Relembre momentos em que você se sentiu ofendido, teve uma vontade irresistível de provar algo ou reagiu defensivamente. Identifique os padrões do seu ego agindo nessas situações: para se proteger, o ego adora dar chiliques!

MaquiavelEgo: Indique uma situação em que o ego esteve claramente no controle. Talvez algo simples, como quando você fez algo para se destacar ou contar uma mentirinha, ou algo mais sério como uma chantagem emocional para conseguir o que queria. Essas "manobras" mostram como o ego tenta comandar para proteger ou exaltar nossa imagem.

A Verdade Dói: Peça opinião de pessoas próximas em diferentes áreas da sua vida. Quando receber críticas, observe suas reações iniciais e tente abordá-las com uma mente aberta, focando no crescimento em vez de na defesa.

O Que Vem a Seguir

Se o ego é o planejador, quem será que avalia se esse planejamento está no caminho certo? Vamos descobrir.

11

Julgamento: o Tribunal do Certo e Errado

Um dos papéis fundamentais da mente é o de juíza. Ela está sempre julgando se o caminho que estamos traçando está correto. O problema é que as consequências desse julgamento nos levam a extremos emocionais que podem nos fazer muito mal.

A Mente Julga e Classifica

Sempre a postos em seu tribunal, a mente imediatamente entra em ação ao tentar escapar da realidade. Ela pega o martelinho de juíza e começa a classificar o que é certo e o que é errado. É assim que ela decide se uma ação, comportamento ou escolha está nos levando ao prazer ou à dor.

Se no caminho para o nosso ideal estivermos tendo prazer, ela rapidamente carimba: "Certo! Você é incrível, maioral! Merece todas as glórias! Parabéns!" Porém, se esse mesmo caminho for permeado de sofrimento e dor, ela imediatamente o julga como errado. Como uma juíza cruel, ela lança o dedo na ponta do seu nariz e declara: "Você é um desastre, e merece ser punido."

Por exemplo, se você conta uma piada e todos riem, sua mente carimba: "Sucesso! Nasci para ser humorista! Caminho certo!" Você então teve um momento de prazer. Mas, se na próxima vez que você contar uma piada ninguém rir, você se frustra e terá um momento de dor e de sofrimento. Seu ego pergunta: "o que fiz de errado para que as pessoas não rissem?"

A lógica é clara: Se quando eu acerto, eu sou maioral, como maioral eu sou o merecedor de tudo. O mundo me deve! Deve me tratar com respeito, admiração e valorização. Porém, quando eu "erro", fico sofrendo. Imediatamente serei colocado no lugar dos não merecedores. Eu sou fraco, incapaz, impotente e não mereço coisas boas. Ao contrário, mereço ser punido por tanta incapacidade.

Quando erramos, a balança se inverte: já não é o mundo que nos deve, mas nós que passamos a dever algo ao mundo.

Mas o julgamento não para por aí. Ela não apenas classifica nossas ações, mas também molda a forma como nos vemos e como interpretamos o mundo ao nosso redor.

O Julgamento Cria Leis Internas

A mente trabalha criando associações, que viram regrinhas de comportamento. Se sua ação foi considerada errada pela mente, você tenderá a evitá-la. Por exemplo, ao fazer uma crítica a alguém que reage mal, sua mente associa isso ao sofrimento e você pode evitar fazer críticas no futuro. Da próxima vez, você não vai criticar a aparência de alguém, porque ela, com razão, virou uma fera e brigou com você!

O pensamento entende que as coisas estão ligadas ao seu comportamento e aplica esse julgamento a tudo ao seu redor, criando "leis" internas para buscar o prazer e escapar da dor.

A lição é simples: "Se apertar meu dedo, vou sentir dor. Vou evitar apertar".

Essa lógica de julgamento e causa e efeito é aplicada para tudo, o tempo todo. Quem nunca interpretou um olhar ou comentário alheio como uma crítica direta? Achamos que o mundo está contra nós. Que estão falando mal de nós. Que ninguém gosta de nós. Que somos perseguidos e injustiçados, seja em casa ou no trabalho.

Você já passou por isso? Sabe quem está julgando? Serão eles? Os Outros?

Na realidade, é a nossa própria mente que cria este cenário de júri. Ela quem está nos julgando e projetando nossos incômodos e dificuldades nos outros. Para escapar da autoacusação e não enfrentar a difícil tarefa de lidar com nossos problemas, ela passa nossas inseguranças adiante — como se não quisesse ficar com a "batata quente" na mão. Ela é esperta. Como a diretora de um filme de ação, a mente está sempre pronta para gritar "Corta!" e nos tirar de uma cena desagradável — em um piscar de olhos!

Além de moldar nosso comportamento, essas regras internas também afetam como nos sentimos sobre nós mesmos, gerando sentimentos tóxicos que nos envenenam aos poucos.

As Consequências do Julgamento: Megalomania e Culpa

O ciclo de julgamento gera duas grandes consequências, que são como irmãs siamesas: A megalomania, quando acertamos (e somos tão maravilhosos que o mundo deve se curvar aos nossos pés). E a culpa, quando erramos.

Identifique e reconheça: Como a mente tem julgado suas ações? Será que para ela, você está mais para última bolachinha do pacote, ou para comediante sem graça, do tipo "ninguém me ama, ninguém me quer"?

Conclusão

Em resumo, quem julga acaba se sentindo ou eufórico, ou culpado. Quem carrega o peso da culpa acredita que não merece ser feliz — e a mente, como juíza impiedosa, garante que essa sentença seja cumprida.

12

A Culpa: A Condenação Mais Terrível

Já deu bronca em um cachorro? Ele se encolhe, olhando com aquela carinha de "O que fiz de errado?". Essa é a essência da culpa: uma dívida tão fundamental que até um cachorro sente. Para nós, humanos, ela vai além — é o sentimento mais destrutivo que existe. A culpa nos faz acreditar que "as coisas poderiam ter sido diferentes" e nos envenena.

Mas ainda é possível nos libertarmos dela.

O Ego e Seus Padrões: A Raiz da Culpa

Para compreender a culpa, é importante entender o ego. Nossa mente (ego) mede, avalia, julga e classifica a realidade, criando padrões mentais que se tornam referências para interpretar o mundo. O ego idealiza: "Meu jeito é o melhor". Se aprendemos que no mundo ideal todos se amam, esse se torna nosso padrão. Quando a realidade não coincide, pensamos: "Isto não é como deveria ser". E se não é, alguém tem culpa.

No egocentrismo, atribuímos a culpa ao nosso "eu". Se algo dá errado, nos culpamos; se dá certo, achamos que foi mérito nosso. Quem é egocêntrico se percebe culpado em todas as situações, pois crê que suas ações desencadearam um desfecho inesperado. Por exemplo, uma pessoa traída, por ser egocêntrica, acredita que fez algo errado — não que o outro agiu mal.

O sentimento de culpa vem porque, se poderíamos ter desempenhado melhor, ficamos em dívida. "Por que não fiz melhor? Eu poderia. Por que é que eu não fiz direito? Por que eu não consegui o que eu queria? Eu falhei! Eu errei!"

Ao falarmos "isto não deveria ser assim!" estamos dominados por sentimentos negativos, que prejudicam a nós mesmos e aos nossos relacionamentos.

O "poderia ter sido diferente" é uma grande mentira da mente. Os fatos nunca poderiam ter sido diferentes, mas essa perspectiva resgata momentaneamente a sensação de poder e nega nossa impotência, ao mesmo tempo que gera culpa: "Ah, se eu tivesse feito certo, as coisas teriam dado certo". Lembrou da pirâmide?

A Dinâmica da Culpa

Temos então o padrão ideal e a realidade. Entre eles, há uma diferença — uma "dívida" — que é a culpa. Criei uma "equação da culpa" para ilustrar isso:

$$\text{Sentimento de culpa} = \text{Ideal} - \text{Realidade}$$

Aqui:

• Ideal: o que esperamos ou desejamos (o que *deveria ser*).

• Realidade: o que acontece (o que é).

• Dívida: a diferença entre os dois (o que sentimos como culpa).

Exemplo: se, mesmo com as vestimentas do nosso ego, não conseguimos escalar as pirâmides; se esperamos reconhecimento e recebemos crítica — a diferença entre o ideal e o real se transforma em culpa.

⚠ Atenção! Quanto maior a sensação de falta, maior a culpa. Quanto mais intensa, mais destruidora e tóxica ela se torna.

Culpa, Perfeição e Poder

Surge então um fato amargo de aceitar: quanto mais desejamos ser perfeitos; quanto mais altas forem nossas expectativas; e quanto mais buscamos elogios e valorização dos outros, maior será a diferença entre o real e o ideal — e, consequentemente, maior será o sentimento de culpa.

Buscar a perfeição é quase uma condenação à culpa!

Qual "ideal" você tem lutado para atingir? Ele contrasta com a sua realidade atual? Quem almeja a perfeição não só carrega o fardo da culpa, como desenvolve algo pior: uma afinidade *(filia)* por ela. Ao abraçar a culpa, ela se torna um sentimento *familiar*, um peso com o qual estamos habituados a conviver. Esse apego tem raiz no controle e no poder que desejamos exercer.

Nossas decisões diárias exemplificam essa busca por poder.

Ao escolher sair com amigos em vez de ficar com minha parceira, posso sentir poder. A culpa pode já estar lá inconscientemente, por saber da possibilidade de causar sofrimento ao outro. Muitas vezes, por orgulho, hesitamos em admitir essa culpa, enxergando-a como fraqueza: "Deixar de sair por causa do outro? Nem pensar!"

Mas se algo negativo acontece, como um assalto, ou acidente, a culpa surge com força, associando o evento à nossa escolha. A mente diz: "Ficou em casa? Não! Respeitou seu par? Não! Portanto, culpado".

Minha tese é que não controlamos a maioria de nossos comportamentos, especialmente quando estamos ansiosos, excitados ou com raiva. Nessas condições, agimos de forma automática, influenciados por condicionamentos. Toda vez que você julga seu comportamento como errado, está sendo dominado pelos sentimentos de culpa — que não são culpa sua.

Não nos livramos da culpa porque abriríamos mão da ilusão de controle. Isso se torna evidente quando justificamos nossos fracassos e decepções. Por exemplo, a ideia de que "se eu tivesse sido mais afetuoso, talvez essa pessoa teria gostado de mim" alimenta a ilusão de que ainda posso exercer esse poder.

A resistência em soltar a culpa vem do apego ao poder. É como se, ao falhar em algo, continuássemos atormentados pela possibilidade de ainda conseguir mudar a situação.

Vergonha e culpa

A Ilusão de perfeição alimenta também a vergonha. A vergonha é o orgulho invertido — o medo de falhar, ser rejeitado ou julgado. Se você fica envergonhado por seu comportamento, você carrega culpa, porque imagina que poderia ter agido diferente. É impressionante como o certo e o errado, o futuro do pretérito (tinha, etc), são sintomas de estarmos dominados pela culpa.

Identifique e *Reconheça:* O que você "tinha" que fazer e não fez? Isso gera vergonha? Culpa?

As Consequências Devastadoras da Culpa: Impotência, Autopunição e Sofrimento

"Entre os principais sintomas de depressão está o sentimento de culpa." — Isaac Efraim

A culpa, especialmente quando intensa, consome nossa energia vital. Ela está presente como principal sintoma de muitos estados depressivos. Mas por que isso acontece? Nossa mente, profundamente egocêntrica, acredita que ações corretas sempre conduzem aos resultados desejados.

Quando a realidade contradiz, há um "choque". Somos então, no mundo mental, confrontados por uma sensação de impotência, que gera sentimentos de limitação e incapacidade. Isso drena nosso vigor mental e emocional. Quanto mais culpados, mais fracos nos sentimos. Afinal, os momentos de maior angústia da vida surgem quando encaramos nossa própria impotência.

Autopunição como Forma de Compensação

A dor da culpa é terrível, um sofrimento que corrói por dentro. Quem já sentiu, conhece o peso. Não atingindo o padrão ideal, a mente nos acusa vigorosamente: "Como você não conseguiu? Eu te dei todas as orientações e padrões necessários. Se não deu certo, a culpa é sua."

E se você errou, acha que isso não teria consequências? Na justiça real, quem erra cumpre pena.

No tribunal da mente, a sentença é a autopunição — uma condenação invisível para purgar o sofrimento da culpa. A lógica é implacável: quanto mais eu "errei", mais mereço ser punido. E, para aliviar essa dívida, vou ter que pagar essa pena.

Meu primeiro casamento, na juventude, foi um fracasso. Na época, carreguei uma imensa culpa que me assombrava: "Você não é capaz de manter um casamento, não consegue manter um relacionamento afetivo, é um fracasso." Era como se o término fosse um castigo merecido por minha inadequação. Por isso, ao enfrentarmos dificuldades ou perdas, encontramos um alívio temporário da nossa impotência na culpa.

Autopunição: Exemplos de Padrões Destrutivos no Dia a Dia

O padrão de "precisar sofrer" quando sentimos culpa se manifesta de maneiras diversas no cotidiano, como atitudes equivocadas e escolhas distorcidas. Procrastinar, gastar demais ou ficar em relacionamentos ruins são exemplos de caminhos que seguimos compulsivamente, porque, de forma inconsciente, o sofrimento parece aliviar a culpa. No extremo encontramos o suicídio — a manifestação máxima da autodestruição gerada pela culpa.

Muitas vezes, o ciclo culpa-autopunição tem origem em experiências familiares difíceis, como lares conflituosos ou críticas constantes.

Por exemplo, uma pessoa que se sente inadequada pode ter

dificuldade em construir relacionamentos saudáveis, unindo-se a um parceiro que a maltrata, sentindo-se punida e diminuída. Apesar da infelicidade, reprime sua revolta e tenta incessantemente ser "boazinha" para atender ao ideal de perfeição.

Quando falha, a culpa volta ainda mais forte, e ela acaba em relações onde é ainda mais criticada, aprofundando seu ciclo de culpa e autodestruição. Torna-se prisioneira desse padrão do ego, e é pouco provável que consiga sair desse relacionamento: sente-se merecedora, sem direito a algo melhor.

Quem mergulha em relações turbulentas, geralmente repete padrões de sofrimento e martirização: "Minha vida é miserável, tudo é ruim!"

Pessoas criadas sob regras rígidas podem carregar culpa excessiva ao quebrá-las, mesmo que essas regras não façam mais sentido em sua vida adulta. Esse peso pode levá-las a escolhas autodestrutivas, reforçando a sensação de punição.

Não se trata apenas de sentir culpa; mas de ser dominado por ela. Não há como fugir: a única saída que a mente encontra é o processo de autodestruição. É como se a mente dissesse: "Você merece se prejudicar." Isso tem o poder de causar danos monumentais, não só mentalmente, mas na realidade.

Além da autopunição, quem carrega culpa normalmente se sente perseguido, como se seu "erro" fosse conhecido por todos. Esse sentimento é brilhantemente retratado no clássico *Crime e Castigo*, de Dostoiévski, que explora a dinâmica da culpa com maestria. O protagonista, desempregado e alcoólatra, vive sob a ameaça de despejo. Em seu desespero, ele justifica para si mesmo que merece mais da vida, convencido de sua superioridade intelectual. Ele planeja e comete um assassinato, tirando também a vida de uma jovem inocente. A partir desse momento, a culpa o domina. Ele acredita que todos o observam. A angústia se torna insuportável, levando-o à beira da loucura. Ele vaga pelas ruas, atormentado pela culpa, e só encontra paz de espírito quando se autopune.

Esse sentimento é comum na vida real. Imagine alguém que, como Leo, pegou o carro do pai escondido, sofreu um acidente e fugiu. A culpa, insuportável, o levou a confessar. O pai, ao retornar com ele ao local, comentou: "Pois é, meu filho, o criminoso sempre volta ao local do crime." Essa frase resume como a mente, dominada pela culpa, nos força a reviver ações em busca de alívio.

Mesmo psicopatas podem sentir culpa, embora a manifestem de forma mais agressiva. Ao repetirem padrões destrutivos, buscam formas de autopunição — muitas vezes sem perceber.

Você também se pune

A autopunição é inevitável? Sim. O processo autopunitivo pode variar de leve a severo, mas penetra profundamente em nosso pensamento e começa a tomar conta de todos nós.

Quando você está sob o domínio da culpa, é quase certo que você se envolverá em problemas, brigas ou discussões. No fundo, são formas inconscientes de autopunição.

Não há escapatória desse ciclo.

Faces da culpa: Menosprezo e Arrependimento

É fácil saber se você sente culpa. Um dos primeiros sinais é a sensação de menosprezo: o mundo parece não nos valorizar, não apoiar nossos desejos e, pior, agir contra nós.

Sentir-se subestimado é uma manifestação clara da culpa. Outra face é o arrependimento, essência da culpa, que surge quando não agimos como gostaríamos. Essa é a culpa em sua forma mais pura.

Por exemplo: uma pessoa com complexo de inferioridade, que sempre busca provar sua superioridade, pode interpretar como humilhação o fato de alguém saber mais e demonstrar isso em público. Tomadas pela raiva, agem impulsivamente, querendo eliminar quem as humilhou. Essas emoções as consomem a ponto de não conseguirem agir de outra forma, mesmo que depois se arrependam.

Libertando-se da Culpa

A culpa, como a crítica e o julgamento, só serve para nos derrubar. É inútil. Mas isso não significa que devemos agir prejudicando os outros sem sentir culpa. Precisamos estar cientes de quando nosso comportamento é negativo, e abandoná-lo. O desafio é que muitas vezes agimos sem essa consciência, e a culpa só aparece depois.

Para nos libertarmos da culpa precisamos abrir mão do egocentrismo, abandonando interesses, vontades e desejos pessoais para entender a dinâmica que nos levou a agir daquela forma.

Reconhecer que fomos guiados por emoções negativas, como raiva ou impulsividade, é o primeiro passo.

Deixe de querer ser importante (egocêntrico)

Abrir mão da culpa é renunciar ao desejo de ser importante. A necessidade de ser importante é ilusão do ego com preço alto: além da ansiedade de ocupar esse lugar, reforçamos a sensação de que estamos sendo sempre observados e julgados. O resultado? Um medo paralisante de falhar. Afinal, quem falha é julgado negativamente, e lá vem a culpa.

Mas tem um ponto bem importante aqui. Como você se sentiria se alguém dissesse que você não tem importância? Provavelmente se ofenderia. É uma reação comum, pois buscamos validação e reconhecimento.

Certa vez, em um dos meus cursos, compartilhei um dos meus ensinamentos fundamentais: "ninguém é importante". Uma pessoa da plateia teve uma luz, porque ela nunca tinha considerado isso.

Nossa atenção está na criação e manutenção de nossos padrões mentais. Estamos vinculados o tempo todo a isso. Mas os outros também! Eles mal veem a gente. E nós mal vemos os outros. Cada um está imerso em sua própria vida.

A ânsia por ser importante gera mania de perseguição. Quanto mais importante você deseja ser, mais sente que será alvo de intrigas. Começa a achar que estão falando mal de você, que não gostam de algo, que querem lhe derrubar. Já se sentiu assim? Se sim, perceba se isso não está ligado ao seu desejo de ser importante.

Quando você incorpora: "Tudo bem, eu não sou importante", a realidade deixa de ser uma luta entre quem você é e quem gostaria de ser. É difícil, pois todos queremos ser importantes de alguma forma: para nossos pais, filhos, amigos, no trabalho etc. Mas perceba que esse desejo alimenta o ego.

E quando você realmente abre mão disso, deixando o seu ego de lado, aí sim, começa a entender o que está acontecendo.

Isso traz um poder real — que não pertence ao ego, mas ao poder que geramos ao impactar o mundo positivamente, como quando compartilhamos conhecimento.

Eu mesmo busco aplicar isso. Sou vaidoso, um sentimento egocêntrico. Quem é vaidoso carrega culpas. Mas sempre que percebo que esse desejo de importância está me fazendo mal, faço o melhor que posso para abrir mão disso.

Uma boa terapia nos ajuda a entender que, no sentido de validação externa, nossa importância para os outros é bem menor do que imaginamos.

Essa luta interna é constante, já que o desejo de ser importante aparece disfarçado — queremos ajudar alguém, resolver um problema, ter um bom desempenho. Mas quando desenvolvemos consciência dessas motivações, podemos evitar cair no ciclo da culpa.

⚠ Atenção! Para melhorar a saúde mental, procure abrir mão de querer ser importante. Ao aceitar não ser tão importante, você melhora a ansiedade e a depressão.

Cobrança, Compreensão, Autocompaixão

Quem vive um relacionamento sabe que é impossível escapar das cobranças. Elas vêm de todos os lados. A solução? Deixar cobrar!

Tenho duas frases ótimas para você incorporar em seu dia a dia: "Ninguém deve nada a ninguém" e "Todo dia está zero a zero".

Se você sente culpa por não ser o pai ou a mãe ideal, por não seguir sua dieta, ou por qualquer outra razão, é hora de se libertar.

Se há um conceito que sugiro praticar até incorporar, é que, do ponto de vista psicológico, emocional e comportamental, não há certo ou errado. Isso não existe. Os sentimentos simplesmente acontecem, vindo à tona. Existe uma estrutura emocional e química que determina como eles se manifestam. A única coisa que podemos fazer é entender. Não é julgar, criticar ou nos culpar. Quando você entende uma coisa, você se liberta.

A autocompaixão é essencial. Temos limitações, mas também a capacidade de aprender e crescer a partir delas. Não temos culpa de ser como somos. Quando nos sentimos culpados, pioramos. Quando nos libertamos da culpa, melhoramos, aceitando quem somos.

Libertar-se da culpa é desvencilhar-se da agressividade que nasce do desejo de que a realidade fosse diferente. Ao abrir mão do desejo de ser importante, de ter poder ou controle, e deixar de criticar ou julgar, você se torna mais consciente, compassivo e capaz de lidar com os desafios de uma maneira mais saudável e equilibrada.

A culpa nunca desaparecerá por completo, porque enquanto houver ego, haverá culpa. Mas sua intensidade e duração podem ser reduzidas. E qualquer alívio da culpa melhora nossa qualidade de vida e nos dá ferramentas para lidarmos melhor com a realidade.

Agora que você entendeu os caminhos para se libertar da culpa, vou compartilhar uma dica simples, mas extremamente poderosa.

A Grande Dica

Repita para si mesmo e para os outros: "*Eu não tenho culpa de nada*."

Insisto para você repetir isso constantemente porque tenho consciência do perigo e do poder destrutivo do sentimento de culpa. Espalhe essa informação. Compartilhe com todos, em todas as situações.

Espero que este capítulo tenha trazido alívio para seus sentimentos de culpa. Chegar à conclusão que não viu a situação com clareza é uma ótima razão para se perdoar, e uma oportunidade para aprimorar a consciência, prestando mais atenção e cultivando a compaixão.

Espero também que esteja apreciando este livro. Se não estiver, bem... eu não tenho culpa de nada!

Exercícios

Reflexões sobre a Culpa. Sempre que sentir culpa, identifique como suas expectativas ou ideais de perfeição influenciaram.

Comparação de Expectativas e Realidade. Quando sentir frustração ou desapontamento com uma situação, tente compreender suas expectativas iniciais versus o que realmente aconteceu.

Atenção ao Diálogo Interno. Quando se sentir culpado(a), observe seus pensamentos negativos com compreensão, entendimento e compaixão. Por exemplo, se pensar "eu deveria ter feito melhor", responda com "fiz o meu melhor naquela situação dada as circunstâncias".

O Que Vem a Seguir: Assim como a culpa, apego e desejo são sentimentos do ego que têm um forte impacto em nossas vidas. Que tal desmascararmos mais mitos?

13

Apego e Desejo: Fontes de Sofrimento

Se a vida fizesse um teste com seu desejo, como você responderia? Quanto mais você quer algo, a) mais você tem? b) menos você tem? c) não sei. Ficou em dúvida? Escolheu "a"? Então talvez esteja na hora de "desapegar" de algumas ilusões. Já avisamos: a resposta "b" guarda uma chave preciosa para o que vem a seguir.

Neste capítulo, você entenderá como apego e desejo, quando nos dominam, causam conflitos e sofrimento, nos afastando do que almejamos. Também descobrirá se é uma pessoa apegada — e conhecerá um ponto de vista que desafia clichês de *best-sellers* de autoajuda.

Estragos do Apego e Desejo

Apego e desejo caminham de mãos dadas como fontes de sofrimento.

No apego, agarramo-nos às sensações prazerosas passadas. Mas, se tudo muda o tempo todo no mundo, as sensações também mudam. Não é possível manter as sensações da infância na vida adulta: elas se perdem no tempo. Quanto mais presos a elas, mais enfrentamos frustração e sofrimento.

Desejar é querer estar onde você não está. É querer ter uma sensação que no momento não se tem. E o desejo frustra. À medida que se intensifica pela necessidade de prazer, e a realidade não tem condições de entregar, entramos em contato com o perigosíssimo sentimento de frustração. E quanto mais intenso é o desejo, maior o estrago.

Com raízes no ego, apego e desejo nos distanciam ainda mais da realidade.

O Apego: a Ilusão da Permanência e a Tentativa de Controle

Imagine a relação com nossa mãe na infância. Ela nos proporciona conforto, proteção e segurança. No começo, não damos o devido valor, pois tomamos essas sensações como garantidas. Mas, quando percebemos a possibilidade de perder essa segurança — seja por uma separação, uma mudança ou qualquer situação de insegurança — a representação mental da nossa mãe e das sensações associadas a ela se acendem intensamente.

Surge, então, o apego: a resistência à perda dessas sensações prazerosas que, agora, percebemos como valiosas.

Todos nós somos extremamente apegados, ou temos essa tendência. É fácil identificar como ele se manifesta: você briga? Se frustra? Sofre? Então há uma grande chance de ser uma pessoa apegada — porque os apegados brigam! Por viver em constante conflito com a realidade, os apegados são os que mais sofrem.

Para tentar manter as sensações de prazer, o apego nos prende a padrões mentais (que vêm do ego). Isso nos leva a querer controlar o outro e a impor nossas vontades e expectativas, como exigir amor ou aceitação incondicional. Nossa mente nos transforma em pequenos ditadores: "Eu te amo, então você tem que me amar!"

O ego, com sua necessidade de controle e segurança, intensifica o apego.

Apego a Padrões Negativos

"Familiaridade é reconhecer algo já vivido, seja positivo ou negativo. Apego é não querer soltar dessa sensação. Nem toda familiaridade traz apego." — Isaac Efraim

O apego não se limita a experiências positivas. Ele também nos prende a padrões negativos, especialmente em tempos de insegurança, quando o pessimismo se torna automático e pode evoluir para um vício no sofrimento.

Por isso, encerrar situações negativas, como um relacionamento ruim ou um negócio fracassado, é um desafio. O medo da perda nos amarra à esperança de reviver momentos positivos.

Um exemplo comum é o casal que vive uma relação de apego mútuo. Ambos dependem emocional e/ou financeiramente um do outro, mas a dinâmica traz infelicidade. Quem sustenta teme ser abandonado, mas, no fundo, sabe que a dependência é o que ainda mantém a relação. O parceiro dependente sente ciúmes, tenta controlar e tem pavor de encarar a vida por conta própria. Ambos se perguntam: "Será que vale a pena começar de novo? Enfrentar o fim, depois de ter sido apoiado em momentos difíceis, perder o esforço, tempo e tudo o que já investi? E ainda, ter que me virar só? Como posso desistir agora? Melhor deixar como está."

Assim, eles permanecem juntos, apegados à familiaridade, que dá a falsa sensação de segurança e controle. Mas essa escolha traz frustração, ansiedade, culpa e cobrança. Quando há obrigação ou medo, não é amor — é apego.

Romper relações de apego é difícil. Exige, acima de tudo, coragem. Mas desafios fazem parte da vida e não significam que erramos. É importante aumentar a consciência para entender esses processos e conseguir sair deles.

Querer é Sofrer: Desejo, Idealização e Realidade

Ter prazer é um desejo, e o ego se alimenta e se apega a eles. O desejo nasce da idealização de algo perfeito, fonte de prazer absoluto que só existe em nossa mente: um emprego dos sonhos, um relacionamento ideal, um bem material. Tudo isso isento de sofrimento na nossa imaginação!

O desejo fica em uma "nuvem", às vezes apagado, outras vezes mais ardente, mas a imagem está lá, representada apenas no plano mental.

Toda vez que pensamos nessa idealização, dá aquele prazerzinho. Sentimos uma prévia da felicidade imaginada: "Ah, se eu tivesse aquele emprego, eu não sofreria, eu viajaria o mundo!" Então começa a dar aquela vontade de buscar pelo prazer de torná-lo real.

Quem não quer realizar seu maior desejo? Viver essa felicidade, experimentar o prazer que ele promete. Materializar a "nuvem" vira uma *necessidade*. Desejamos, com toda a força, conseguir o que desejamos! E assim, o tombo vem — em forma de frustração.

A frustração vem do desejo

A frustração surge quando a realidade não corresponde às expectativas, seja porque esforços não são recompensados ou por que o esperado simplesmente não acontece. Mas há dois mecanismos muito mais profundos por trás disso, ligados à nossa vibração energética.

O primeiro, é que a frustração pode levar à depressão quando há baixa de energia, ou à agressividade quando há alta energia física. O segundo é ainda pior: quanto maior o apego e o desejo, mais eles se tornam sentimentos tóxicos e destrutivos.

Quando estamos cheios de vontade, mas a realidade resolve brincar de "do contra", um impulso destrutivo se acende. Nossa primeira reação é querer "destruir" o obstáculo da realidade que nos impede de ter acesso às sensações desejadas — seja uma situação, uma ideia ou até uma pessoa.

Exemplos não faltam: discussões sobre política, crenças, ou até o trânsito, quando o carro à nossa frente parece estar ali só para nos atrasar. Em um piscar de olhos, a irritação e a raiva tomam conta.

Quanto maior a ânsia de realizar o desejo, maior o sentimento agressivo, que acaba por atrapalhar sua concretização. Se "explodirmos", a situação só piora: o relacionamento azeda, a promoção evapora. Tentamos impor nossa visão ou até desconsiderar o que os outros pensam ou sentem, o que inevitavelmente gera raiva e ressentimento.

Lembre-se: quanto mais você quer, mais problema você tem: e mais se afasta da realização.

Assim como você, cresci ouvindo que esforço traz recompensas. Mas e quando nos esforçamos intensamente, desejando reconhecimento, e somos criticados mesmo assim? Por exemplo: se alguém diz, "O Dr. Isaac não é tão bom assim, fulana é melhor!", a primeira reação é querer destruir quem fez o comentário, e não o fato. A raiva é dirigida à pessoa, e, no fundo, queremos "eliminá-la" *mentalmente*, não a fulana.

Quantas vezes sentimos raiva de quem revela uma verdade desconfortável? Pode ser a amiga que expõe uma traição ou um colega que questiona nossas escolhas. Mentalmente, não faz diferença se queremos destruir quem fala mal de algo que valorizamos ou acreditamos. No mundo civilizado, ninguém deseja literalmente acabar com alguém. Mas, no plano mental, destruir a ideia de outra pessoa equivale a eliminar um adversário.

Geralmente não ficamos agressivos quando estamos com baixa energia. Em vez disso, podemos entrar em um estado de depressão, uma forma de destruição interna.

Reconhecer essas reações é essencial para entender como o apego e o desejo, quando exacerbados, geram conflitos — tanto internos quanto externos — e alimentam as brigas do dia a dia.

O Engano do Pensamento Positivo: Quanto Mais Você Quer, Menos Você Tem

Vamos desconstruir um mito. Muitos *best-sellers* de autoajuda pregam o mantra do desejar ardentemente para concretizar um sonho ou um objetivo. Aquela história de "a força do pensamento", "Visualize e acontecerá", "Peça ao universo e ele lhe dará". Pois bem... dando ou não, uma coisa é certa: gera sofrimento e frustração!

O problema desses mantras de querer intensamente é que eles se baseiam em uma ideia simples demais: que o universo gira ao redor da nossa vontade. Na prática, nossas expectativas elevadas, quando não atendidas, nos deixam ansiosos e mais longe do que queremos.

Vivemos em uma cultura que glorifica o "querer mais" como sinônimo de sucesso. Muitos veem esse desejo como um motor de crescimento, um impulso positivo e construtivo. Contudo, esse desejo desmedido pode se tornar um veneno, gerando uma insatisfação constante e nos aprisionando à ilusão de progresso.

A verdade é que quanto mais desejamos algo:

- Mais nos apegamos à ideia de que trará felicidade e mais sofremos quando a realidade decepciona.
- Mais intensificamos nosso desejo de destruir a realidade que se opõe aos nossos interesses e desejos.

Ironicamente, isso nos afasta ainda mais de nossos objetivos. Essas teorias afirmam que estamos agindo em nosso próprio benefício ao enfrentar os obstáculos, mas, na verdade, essa postura de desejar intensamente já é um obstáculo por si só.

Imagine aquela promoção tão almejada. Você se esforça, pensa nela o tempo todo, visualiza a nova sala, o salário maior, as viagens. Mas, e se não vier? A frustração pode ser imensa. Preso àquela imagem idealizada, você se fecha, se chateia por dias, meses, anos!

O mesmo ocorre quando nos apegamos a sensações como reconhecimento e admiração. Acostumados aos elogios e curtidas, buscamos repetir o sucesso, mas nem sempre as pessoas respondem da mesma forma. A falta de reconhecimento gera decepção, conflito e até agressividade, levando-nos a cobrar dos outros a sensação à qual nos apegamos. Questionamos: "Por que não curtiu o que disse?", "Não gosta mais de mim?", "É isso que eu mereço?".

A chave para transformar esse desejo em algo produtivo é a qualidade do nosso esforço: fazer o que pudermos com dedicação e presença, equilibrando nossos ideais com a realidade.

A mente humana busca naturalmente ser melhor, e não apenas ter e ser mais. A ideia é permitir que esses elementos se entrelacem de forma tranquila e suave, e não por meio de imposições. O resultado dessa integração entre a realidade e a consciência é uma sensação mais satisfatória, um contentamento mais genuíno.

Preste atenção em como esses padrões se manifestam em seu dia a dia para ajudá-los a perder força. Não é necessário focar nas causas; o importante é reconhecer suas manifestações e começar a enfraquecê-los.

Conclusão: Desejo e apego imediato são a raiz de toda negatividade. Idealização, controle e ego nos afastam da realidade, nos prendendo no ciclo frustrante do "querer mais". Querer intensamente e não conseguir não apenas frustra – pode levar à autodestruição, especialmente quando nossas expectativas desmoronam. No fim, quanto mais queremos, mais nos consumimos. E quanto mais nos consumimos, mais nos perdemos. A solução? Querer menos.

O Que Vem a Seguir? Apego e Desejo se manifestam em sentimentos. Será que o seu desejo está lhe trazendo mais dor... ou mais flor? Você descobrirá que tipo de sentimentos são esses e como medi-los.

14

Sentimentos Tóxicos e Saudáveis

E se existisse uma fórmula para medir a qualidade dos seus sentimentos? Algo que lhe ajudasse a compreender o que realmente acontece dentro de você?

Apresento uma equação capaz definir sua qualidade de vida: *Desejo vs Realidade = Sentimentos.*

Parece simples, mas é profunda. Quanto maior a diferença entre o que você QUER (desejo) e o que você TEM (realidade), mais intensos e tóxicos os sentimentos se tornam. E quanto maior o seu desejo, mais intensa a dor.

Por exemplo: você pediu um banquete digno de reis e veio um prato sem graça. Como você tempera a sua realidade? Se reclamar, continua insatisfeito e com fome. Se aceitar a gororoba, se frustra menos e ainda sai de barriguinha cheia.

Agora pense nas relações humanas: se você quer que alguém demonstre amor de uma certa maneira, mas essa pessoa age diferente, essa diferença entre expectativa e realidade pode gerar frustração, ciúme e até rancor.

Agora vem o segredo: quando o desejo diminui, você começa a ter paz interior. Essa distância se reduz, e os sentimentos saudáveis começam a florescer. Você pode até dar um abraço na cozinheira, tamanha gratidão por saciar sua fome! — ou lidar com as coisas com mais acolhimento e empatia.

Será que o resultado da sua equação está positivo ou negativo?

O que separa os sentimentos tóxicos dos saudáveis

A grande diferença entre eles está em sua origem:

• *Sentimentos Tóxicos:* Nascem do confronto entre a realidade e o desejo. Eles corroem a mente, o corpo e as relações, criando um ciclo de dor. Carregam o peso da destruição.

• *Sentimentos Saudáveis:* Surgem da aceitação da realidade como ela é. O desejo diminui e a consciência se expande.

Todos os sentimentos têm a mesma base: vibração dos neurônios, memória e imagens mentais. Mas cada um tem suas características únicas. Vamos entender isso melhor com um glossário prático

O Beabá da Destruição: Sentimentos Tóxicos

Se você já "ferveu" de raiva, segurou uma mágoa persistente ou carrega um rancor pesado, você conhece bem os sentimentos tóxicos. Eles são comuns a todos nós, mas podem se intensificar e envenenar tudo ao nosso redor.

Os sentimentos destrutivos surgem quando somos dominados pelo desejo de impor ao mundo nossas vontades, prazeres, seguranças e ambições. Simplificando, aparece quando queremos "mandar". É o famoso "tem que ser do meu jeito!" ou o "vocês vão ter que me engolir" — o impulso de destruir a realidade e substituí-la pelo que julgamos mais correto, justo, ou prazeroso para nós.

O grande problema é que esses sentimentos afetam nossas relações, prejudicam nossa saúde mental e física, e nos levam a comportamentos prejudiciais, como autodestruição e agressividade, fazendo mal também aos outros.

Principais Sentimentos Tóxicos

Medo: Surge diante do risco da perda ou da ameaça à nossa segurança. É base para ansiedade e insegurança. Também uma emoção e uma sensação, é o sentimento mais básico dos seres vivos.

Ansiedade: É a vontade de se livrar da insegurança e da sensação do medo, que são aumentadas pela mente.

Frustração: É o resultado da diferença entre expectativa e realidade. Surge quando a realidade se apresenta abaixo de nossas expectativas, e é o principal fator desencadeante para estados depressivos.

Raiva: Emoção intensa e momentânea, que surge quando algo nos impede de conquistar o que queremos. Mostra que queríamos que as coisas fossem diferentes.

Ódio: Surge do desejo de destruir o que atrapalha nosso domínio e poder. Por ser básico, pode acompanhar todos os outros sentimentos, intensificando suas manifestações.

Desconfiança: É o sentimento de que o mundo quer nos prejudicar. Vem do nosso desejo de que realidade se encaixe nas nossas expectativas. Se alguém apresenta um comportamento que destoa disso, surge o sentimento de desconfiança. Quanto mais queremos impor nossa vontade ao mundo, maior a tendência de sermos desconfiados.

Inveja: Reflete a sensação de que temos menos valor do que merecemos. Vem da ilusão de que precisamos estar no topo, sermos os melhores ou os mais perfeitos em alguma coisa para, só então, podermos desfrutar dos prazeres da vida. Quando interpretamos que outra pessoa ocupa esse lugar de destaque, surge a inveja — o desejo de destruir ou desmerecer aquele que parece estar "em nosso lugar". A inveja é um dos sentimentos mais destrutivos, porque reflete essa agressividade para nós mesmos, podendo levar à autodestruição, depressão e baixa autoestima. Reações comuns são falar mal e diminuir o outro.

Culpa: É o sentimento de dívida por não termos agido conforme o que consideramos correto para alcançar nosso ideal. Representa o desejo de que o passado fosse diferente. Ligada à autopunição e à impotência, é extremamente tóxica.

Orgulho: O orgulho é o combustível do ego. É a necessidade de sustentar nossa imagem a todo custo. A pessoa orgulhosa se agarra às próprias ideias e não aceita ser questionada.

Vergonha: Pessoas envergonhadas são, no fundo, pessoas orgulhosas. A vergonha vem do medo de não corresponder às expectativas do ego, de não sermos perfeitos aos nossos próprios olhos e aos olhos dos outros.

Superioridade: Sentimento de se sentir acima de tudo. A toxicidade surge da obrigação de sustentar a imagem a todo custo.

Inferioridade: Sensação de que o mundo nos despreza.

Ciúme: Ligado ao desejo de posse e controle sobre pessoas ou objetos. Quanto maior o desejo de posse, mais intenso será o ciúme. Com comportamentos tóxicos, o ciumento tem a necessidade de dominar completamente o objeto de seu ciúme e, ao perceber que não tem controle, seu ego se quebra. Pode ter reações agressivas, como a raiva, ou destruir o que acha ser uma ameaça à sua "posse". Um dos sentimentos mais perigosos, tanto no plano mental quanto na realidade.

Arrependimento: Desejo de voltar no tempo e fazer diferente. Surge da percepção de que nossas ações (ou a falta delas) foram erradas, e do anseio de que as coisas pudessem ter dado certo.

Mágoa: Surge da expectativa frustrada de justiça – que é ilusão da mente. A mente julga que a energia que despendemos em nossas relações deve gerar "créditos". Exemplo: você cuida de alguém doente e sente que a pessoa "deve" algo a você. Se você fica doente e ela não retribui, vem a mágoa. Sentimentos como: "Eu investi meu tempo e energia, e não estou recebendo o retorno esperado. Que injustiça!", são manifestações comuns da mágoa.

Rancor: É o prolongamento da mágoa, um sentimento crônico e corrosivo. Passamos a desejar que coisas ruins aconteçam com a pessoa que consideramos devedora, como uma forma de vingança pelo sofrimento que acreditamos ter nos causado. Pode gerar vingança. Tanto a mágoa quanto o rancor mostram o desejo de receber de volta a energia investida, e pioram quando isso não acontece.

Agora, vamos entender como se manifestam os sentimentos saudáveis.

O "Beabá" da Construção: Sentimentos Saudáveis

Os sentimentos saudáveis são frutos da flexibilidade, do desapego e da aceitação. Eles florescem quando diminuímos a intensidade do nosso desejo e nos abrimos para a realidade como ela é.

A qualidade do sentimento estará diretamente ligada à intensidade do desejo: quanto menor a intensidade do meu desejo, mais saudável meu sentimento será.

Principais Sentimentos Saudáveis

Aceitação: É a capacidade de acatar a realidade como ela é, sem julgamentos ou resistência. É permitir que a realidade penetre no seu campo perceptivo. É o sentimento mais saudável, a base da paz interior e do crescimento.

Acolhimento: É a capacidade de compreender e permitir a dificuldade do outro, criando um ambiente seguro e confortável. É acolher, brincar, deixar à vontade.

Amor: Sentimento tranquilo e pacificador. É quando você olha verdadeiramente para o outro — seja um amigo, namorado, marido, esposa ou até mesmo um adversário — e, com compaixão, compreende a dinâmica do seu sentimento. Isso gera o desejo de entregar a sua melhor energia para a relação de forma pacífica e não agressiva. Amor é doar sem esperar nada em troca. Se tem expectativa de retorno, é troca, não doação.

O verdadeiro amor é tolerância. É compreender as dificuldades do outro, mesmo que elas atrapalhem sua vida, e se dispor a ajudar. É o ato de consciência e entrega. Mas não é a entrega ingênua, para alguém tirar proveito seu. É a percepção inteira, de você fazer parte de um processo que envolve os outros, entregando a sua melhor energia.

A paixão, por outro lado, é uma emoção. É aquela sensação de intensidade que desperta fantasias e imaginações, fazendo você vibrar. É comum em jovens, adolescentes e pessoas emocionalmente imaturas.

Felicidade: É o estado de plenitude, de paz de espírito, onde você se sente completo e está livre dos desejos. É muito importante ressaltar que este é um estado emocional impermanente, passageiro. Desejar a felicidade é ser infeliz, a felicidade só pode ser usufruída.

Alegria: É a celebração momentânea da coisa boa. A alegria se torna tóxica quando vira objeto de apego.

Tristeza: É sentir a falta. Aparece em perdas, reais ou imaginárias, como o fim de um namoro ou uma chance perdida. É o luto momentâneo do sofrimento. Está entre os sentimentos saudáveis porque é importante senti-la. A tristeza se torna tóxica quando vira objeto de apego.

Compaixão: É a capacidade de se mobilizar pelo sofrimento alheio. É semelhante à empatia, mas focada especificamente na dor do outro. A compaixão nos leva a agir, a buscar formas de aliviar o sofrimento, como se engajar em causas sociais ou oferecer ajuda a alguém em necessidade. Compaixão é diferente de pena, que é tóxica. Na pena, há um rebaixamento do outro, uma postura de superioridade. Você trata a outra pessoa como "coitadinha", incapaz, e não se conecta verdadeiramente com a dor dela.

Empatia: É a capacidade de compreender o sentimento do outro, de se colocar em seu lugar. É se solidarizar com um amigo que perdeu alguém, por exemplo. Você olha nos olhos dele, e vê o sentimento, entende e tem um reflexo da dor que a pessoa está sentindo, mas não se prende a ela. O entendimento é essencial para a empatia, pois atua como uma "linha de comunicação" que nos permite sentir junto com o outro.

Intuição: É a inteligência dos sentimentos, é quando você está presente ao seu mundo sensorial e sem precisar dos processos cognitivos, sente e entende o melhor caminho. Você entra em contato com o seu sentimento e se deixa levar por ele.

Humildade: É o sentimento de não precisar ser melhor que ninguém e sempre estar disposto a melhorar mais, como um eterno aprendiz.

Gratidão: Querer retribuir o bem que recebemos. É a necessidade de retribuir ao outro a mesma sensação boa e agradável que ele nos proporcionou.

Prazer: Se entregar aos estímulos e sensações, sem resistência ou julgamento. É um processo poderoso que nos energiza e nos conecta com o momento presente.

Como flores, os sentimentos saudáveis precisam ser cultivados. Ao aprendermos a nutri-los, garantimos interações mais harmoniosas e construtivas com a realidade, gerando menos conflitos internos e externos do que os sentimentos tóxicos.

Quando um sentimento saudável toma conta de nós, a mente se acalma. Ela não está se preparando para uma batalha, mas entrando em um processo de construção. E o corpo consegue funcionar cada vez melhor em um estado de harmonia. Isso sara! Nos ajuda na cura!

Sentimentos Tóxicos e Saúde Mental

É impossível ignorar a conexão entre sentimentos tóxicos e transtornos psiquiátricos. Ansiedade, depressão, bipolaridade, compulsões, comportamentos autodestrutivos — não surgem repentinamente: eles se alimentam da forma como lidamos com nossas emoções. Isso reforça a necessidade de uma abordagem mais holística em saúde mental, que considere não apenas os sintomas, mas também os fatores emocionais subjacentes.

É muito importante entender que até a maneira como nos percebemos (nosso ego), pode ser a fonte desses sentimentos.

Lembre-se: A chave está em diminuir a intensidade dos desejos. Assim, diminuímos o sofrimento, os sentimentos tóxicos, e tudo aquilo que nos faz mal.

🕮 Dica: Quanto mais branda for a nossa ligação com os desejos, mais equilibrados e saudáveis eles se tornam. Os sentimentos saudáveis promovem uma saúde emocional robusta. Quem cultiva sentimentos saudáveis, como empatia e aceitação, consegue navegar pelo incômodo sem ser consumido por ele.

Como diminuir o desejo? Ao entrar em contato com o que está acontecendo e aceitar as coisas como elas se apresentam, o desejo diminui naturalmente. Essa aceitação permite uma compreensão mais profunda dos fatos e, consequentemente, nos capacita a transformá-los em algo melhor: a mente se acalma. O corpo relaxa. As relações prosperam.

Exercícios

Expectativas Tóxicas: Você tem falhado em atingir as expectativas que coloca sobre si mesmo? Pergunte-se: "Qual desejo está por trás disso?" Tente, aos poucos, diminuir esses desejos.

Cultivando a Flor: Sabe aquela pessoa com quem você tem discutido? Tente mudar sua abordagem: ao notar que ela se intimida quando você eleva a voz, escolha baixar o tom. Perceba como a atmosfera muda completamente. Essa é uma forma de agir sobre a realidade sem destruí-la, praticando sentimentos saudáveis.

O Que Vem a Seguir: Vamos nos aprofundar em um dos sentimentos mais viciantes: a agressividade. Você entenderá por que a mente insiste em estar "certa" — e como isso impacta sua vida.

15

Os Sentimentos Têm Cheiro

A Mente Ameaçada: Tudo é Pessoal

Viagens paradisíacas, corpos esculturais, conquistas, luxo e felicidade. As redes sociais são um reflexo perfeito de como a mente nos engana. Imagens de perfeição ganham proporções gigantescas. Enquanto isso, você come um pão murcho e pensa: "Que vida incrível eles têm!"

Mesmo fora da internet, nos comparamos com vizinhos, colegas ou parentes. E desse terreno fértil brotam sentimentos tóxicos como inveja, rejeição e agressividade.

Quantas vezes você já se irritou ao ouvir uma opinião diferente, desejando "implodir" a ideia do outro? Ou, pior, foi alvo de ataques agressivos de pessoas que sequer conhece? "Você não sabe do que está falando, seu tolo." E, se você for mulher, então, sempre haverá um insulto à sua aparência.

Isso acontece porque nossa mente não gosta de ser desafiada. Ela acredita que está sempre certa. Quanto mais apegados estamos a nossas ideias e valores, mais interpretamos o "diferente" como uma ameaça. Isso gera um medo profundo de perder algo valioso — como nosso controle, nossas crenças ou até nosso ego.

A lógica da mente é simples. Se minha visão de mundo está certa, a sua só pode estar errada — e eu posso provar! O "diferente" vira um alvo a ser destruído. Como um exército em guerra, a mente reage: "O inimigo precisa ser eliminado."

Comportamento Agressivo e Prazer: A Ilusão de Ter Razão

No ringue da vida, encontramos Leo, um lutador incansável. Ele passava horas nas redes sociais "trocando socos" nos comentários. Seja no trabalho ou nos almoços de família — ele queria briga! Cada resposta era um golpe. Ao derrotar seus "adversários" com seus sopapos imaginários, ele saboreava a doce ilusão da vitória. Sabe por quê? Aqui vem mais uma revelação.

⚠ Atenção! Ser agressivo traz *prazer.* Um prazer intenso. A agressividade libera dopamina — o mesmo hormônio do prazer ativado em jogos, sexo e drogas. E como todo prazer, pode viciar. Por isso tantas pessoas ficam presas em discussões, em busca da satisfação de terem razão.

A ilusão de "eu estou certo" nos faz acreditar que temos o direito de impor nossas ideias sobre os outros. Não se trata apenas de "debater ideias", mas de ganhar, porque cada discussão vencida traz um prazer momentâneo de poder e controle.

Pessoas com tendência agressiva podem até desenvolver paranoia: acreditam que o mundo está contra eles, justificando ataques como se fossem uma forma de defesa.

Paz e Agressividade: a Combinação Explosiva

E aqui vai uma surpresa: até as pessoas mais boazinhas podem ser incrivelmente agressivas. Parece contraditório, mas faz sentido. Quem se apega demais à paz, à harmonia e espalha mensagens de amor pode ser justamente quem reage com mais violência quando a realidade não corresponde ao seu ideal.

Isso acontece porque a agressividade nasce da necessidade de eliminar o que incomoda. Quando essas pessoas percebem que o mundo real — muitas vezes caótico e cruel — não se encaixa na perfeição que tanto almejam, a frustração as leva a atitudes destrutivas.

De um lado, o desejo de "paz". Do outro, a raiva contra quem desafia suas crenças. Pessoas "iluminadas" podem perder a paciência com quem não segue seus princípios. Um pacifista pode tratar como "ignorantes" aqueles que pensam diferente.

Esse é um dos motivos pelos quais o mundo está cheio de guerras. Quando nações, culturas ou grupos tentam impor suas visões aos outros, qualquer discordância pode ser vista como uma ameaça a ser combatida. Surgem intolerância, agressividade e conflitos. No dia a dia, esse mesmo padrão se repete no trabalho, em casa, em conversas banais — e até nos grupos de WhatsApp da família.

Quanto mais nos agarramos a crenças rígidas, mais propensos estamos a atacar o que as desafia.

Provocação: Você ainda está nos grupos de amigos e família? Espero que dure – pelo menos até o próximo grande debate!

A Contaminação Emocional

"Agressividade e medo são duas faces da mesma moeda."
— Isaac Efraim

Os sentimentos têm cheiro. Já sentiu o ar pesado em um ambiente? Uma única pessoa irritada pode mudar o clima de todos. Assim como um cachorro fareja o medo — que tem o mesmo cheiro da agressividade — e ataca, as pessoas captam e reagem às nossas emoções, especialmente as negativas.

O medo e a agressividade "cheiram mal" e contaminam tudo ao redor. Mesmo que o outro não saiba o que aconteceu, ele sente. Até quando estamos em silêncio — uma agressividade "para dentro" — a raiva contida ainda é captada.

Sentimentos tóxicos são como um gás invisível: sufocam, incomodam e se espalham. Por exemplo, um pai explode de raiva porque o filho atrasou a lição de casa. Ele grita: "Você deveria estar fazendo isso agora! Que absurdo!" E, logo depois, vira para a esposa e reclama: "Por que você nunca ajuda?". Em segundos, a tensão domina a casa inteira.

O desejo intenso de controle, de querer que tudo saia do seu jeito, transforma qualquer emoção em algo destrutivo. Quem está por perto, mesmo sem perceber, se sente afetado e ameaçado — como a família, que começa a sentir medo e até raiva do pai.

Se você tenta impor sua visão a alguém e rejeita as opiniões dele dizendo "Que ideia ridícula! Melhor se calar.", como acha que ele vai reagir? Provavelmente acuado no início, mas logo depois contaminado pela sua agressividade.

Quando agimos sob a influência de emoções destrutivas, criamos resistência. Isso faz com que as outras pessoas se sintam obrigadas a se defender e a justificar suas opiniões frente à nossa agressividade. O resultado? A comunicação falha e o outro se fecha. O afastamento das pessoas é uma reação natural.

⚠ Atenção! Se você não se conforma, isso fica pesado dentro de você. Em uma analogia forte, você vai para UTI. Precisa de um respirador, até mesmo antes da pessoa que o contaminou.

Não é possível não nos contaminarmos pelo sentimento tóxico do outro, porque são como um vírus altamente contagioso. Mas se você consegue aceitá-los, se descontamina mais rápido.

Inveja: o Desejo Oculto de Destruição

A inveja surge do desejo de destruir aqueles que percebemos estar acima de nós. Quando vemos alguém conseguindo algo bom, mesmo achando que a pessoa não mereça tanto assim, bate aquele desejo de que ela não estivesse ali, para ocuparmos seu lugar.

Você vê um colega sendo elogiado e deseja, no fundo, que ele erre na próxima vez. Vê uma amiga namorando e pensa: "Esse namoro não dura." Alguém dirige um carro incrível e, por um segundo, você se imagina em seu lugar, cabelos ao vento... ou vê o motor pegando fogo — só um pouquinho, é claro, porque somos pessoas boazinhas! Essas pequenas fagulhas de destruição são a inveja aparecendo.

Se você sente que alguém inveja você e reluta em aceitar essa negatividade, se perguntando: "Por que isso está acontecendo? Eu sempre fui legal com ele!", esse incômodo é um sinal de que você está reagindo de forma negativa e agressiva, querendo que a inveja do outro desapareça. É o inconformismo.

A inveja envenena tanto quem a sente quanto quem a recebe.

O Peso da Rejeição: Quando a Expectativa Encontra a Realidade

Você cria coragem para mandar uma mensagem para alguém especial. A resposta? Um emoji de "joinha". Um "joinha"?! Enquanto você sonhava com um jantar à luz de velas. Aí pronto. Você fecha a cara e fica de mau humor o dia todo.

A rejeição dói em qualquer fase da vida. Muitas vezes, interpretamos uma resposta negativa ou indiferente como um sinal de que não somos aceitos pela outra pessoa.

Nossas expectativas são elevadas: nos preparamos para um sim, um elogio, um convite. Investimos tempo e energia na aparência física, no lado emocional, no intelectual, na posição, no status ou até no dinheiro: o ego nos vestiu bem para a ocasião! Apostamos alto, baseando nossas ações em nossas pirâmides mentais idealizadas. Mas... o outro não sabe que apostamos!

Quando a resposta desvia dessas expectativas, mesmo que só um pouquinho, interpretamos como rejeição. Perdemos a aposta! Sentimos um golpe, como se fosse um ataque pessoal.

A partir disso, a mente reage com dois movimentos, que levam a ainda mais rejeição: a *arrogância* e a *cobrança*.

Quando nos sentimos vulneráveis, a mente nos protege com uma postura agressiva e impositiva, que é vista como arrogância. Não queremos parecer frágeis ou expostos. Mas, para quem está do outro lado, essa defesa não parece proteção — parece frieza, menosprezo ou superioridade. O outro se afasta. Mesmo sem intenção, acabamos sendo rejeitados.

Foi o que aconteceu com Leo. Ele sempre teve dificuldade com interações sociais. Apesar de ser atraente, era socialmente desajeitado, não sabia expressar o que sentia da maneira "certa". Leo tinha poucos amigos e morria de medo de levar um fora — ou sofrer um "ghosting"! Muitas vezes, quando tentava se aproximar das pessoas, ele não recebia a resposta que esperava. Sua mente então registrava isso como uma rejeição, e Leo reagia se fechando e atacando com agressividade e arrogância, embora não percebesse.

Se, em vez de se fechar, a pessoa tenta impor sua aceitação, surge outro movimento: a *cobrança*. Se o outro não concordar ou assumir uma postura diferente, cobramos, acusando: "Ah, você não deveria ser assim", ou "Por que você não fez aquilo?" Quando você está cobrando, está pondo o outro para baixo. Ele se sente criticado.

Esses movimentos não nascem da rejeição real, mas da forma como a mente interpreta a situação. Você quer se defender, mas acaba afastando as pessoas, que acham que você tem uma postura arrogante. Então, sem perceber sua postura, você acaba triste, vivendo um pesadelo: achando que ninguém gosta de você, que as pessoas não o entendem e não têm empatia por você.

A rejeição é um sentimento poderoso e terrível, que causa solidão, tristeza e angústia. Quem teme a rejeição pode se isolar para evitar a dor emocional. Em casos extremos, pode nos levar à marginalidade.

Entretanto, ao entender que nem toda não aceitação é uma rejeição pessoal, e reconhecer que, por vezes, acertamos o alvo, mas não na medida esperada, ou simplesmente desejamos demais para determinado contexto, já damos um passo positivo e gigantesco. Se concedermos às pessoas o direito de não nos aceitarem e lidarmos com isso com gentileza, sentiremos menos o peso da rejeição.

Lembre-se: Diga a si mesmo "As pessoas têm o direito de não gostar de mim."

Conclusão: Neutralizando o Mau Cheiro

Nossos pensamentos e idealizações, quando rígidos e inflexíveis, alimentam sentimentos tóxicos, como aquele "prazer que cheira mal" da agressividade e da imposição. Cultivar sentimentos saudáveis que são "cheirosos", vem da aceitação da realidade.

Leo, nosso ex-gladiador, percebeu isso. Ele ficava exausto, mas nunca ninguém mudava de opinião. Ele entendeu que buscar validação através da ilusão de "estar certo", só o deixava mais irritado e agressivo, afetando sua saúde e seus relacionamentos. Aos poucos, foi abandonando esse hábito.

Quer fazer o mesmo? Comece aos poucos. Da próxima vez que você se sentir prestes a brigar, pergunte-se: "Estou querendo impor minhas ideias aos outros?". Perceba o impulso de corrigir ou contradizer alguém. E se a rejeição surgir, lembre-se: ela é apenas o reflexo de uma idealização, não um ataque pessoal. Aplique a regra: "As pessoas têm o direito de não gostar de mim."

Ao cultivarmos a compreensão e a empatia — por nós mesmos e pelos outros — e aceitarmos que nem sempre seremos aceitos como gostaríamos, nossas reações se tornam mais gentis e menos impulsivas. Crescemos, focando em nosso desenvolvimento e bem-estar.

Exercícios

Reconhecendo Conflitos: aumentando a consciência sobre tendências conflituosas e nossos próprios comportamentos. Identifique situações em que se envolveu em conflitos recentemente. Você costuma reagir com agressividade, evitar o conflito ou buscar validação?

Sentimentos Tóxicos em Rede: Observe como você se sente ao interagir nas redes sociais. Elas fazem você se sentir mal? A solução não é abandoná-las, mas entender que elas são ilusões da mente humana, vitrines onde pessoas se exibem para receber validação e demonstrar poder. Com essa consciência, nossa percepção muda.

O Que Vem a Seguir: Agora você vai querer se livrar do mau cheiro dos sentimentos tóxicos, não é? A neurociência pode ajudar com isso! No próximo capítulo você vai descobrir como nossas experiências, medos e condicionamentos criam verdadeiras trilhas em nosso cérebro, reforçando padrões de comportamento — que, felizmente, podem ser remodelados.

16

Percorrendo os Caminhos da Mente

Quais sentimentos mais afligem você? Medo? Um trauma marcante? Já se perguntou por que certas memórias ainda fazem você chorar ou por que a ansiedade surge sempre que enfrenta um desafio?

Nossa mente não apenas reage ao presente; ela carrega um verdadeiro histórico de experiências, condicionamentos e traumas que moldam a forma como interpretamos o mundo. Sem perceber, seguimos padrões automáticos, presos a reações que parecem inevitáveis.

Com a ajuda da neurociência — o estudo do cérebro e do sistema nervoso — você entenderá como esses padrões se formam e por que determinadas situações despertam medo, insegurança ou agressividade.

Mas há algo pouco falado: não são apenas nossas quedas que deixam cicatrizes no corpo. As experiências vividas também deixam marcas profundas no cérebro. Marcas que, quando compreendidas, podem ser transformadas... para seguirmos em frente, com mais consciência e felicidade.

Obstáculos do Dia a Dia: Medo, Perda e Frustração

Nossa mente está sempre lidando com pressões sociais, trabalho, relacionamentos, e centenas de tarefas que surgem. Estamos sempre em busca de equilíbrio, tentando nos tornar invulneráveis ou, pelo menos, minimizar o desconforto da vida.

Os eventos diários passam pelo filtro do nosso entendimento de prazer e dor, guiando nossas escolhas, reações a gatilhos emocionais, dependências e até nossa forma de lidar com o luto. E, como já vimos, eles podem ser tão impactantes quanto enfrentar um perigo físico, como um cão bravo.

Essa dinâmica afeta pessoas de todas as idades, e os adolescentes podem sentir intensamente. A pressão das redes sociais, combinada à imaturidade e aos hormônios, intensifica a sensação de inadequação. O medo de não passar no vestibular ou de não atender aos padrões pode gerar frustração profunda e até depressão.

No caso dos dependentes químicos, eles não buscam apenas a substância, mas a euforia constante que ela proporciona. Fogem compulsivamente da dor sempre que enfrentam dificuldades — momentos de medo, insegurança ou ansiedade.

Ninguém escolhe, de propósito, se tornar dependente. A dependência química é uma condição séria e complexa que altera a fisiologia do cérebro e reforça padrões compulsivos de busca por prazer e alívio imediato.

Mas a verdade é que todos nós, em algum nível, estamos sujeitos a desenvolver padrões viciantes. Como isso faz parte da natureza humana, podemos criar hábitos compulsivos e nos viciar em algo — seja café, chocolate, álcool, celular, pornografia ou até mesmo em reclamar.

Nossas respostas comportamentais são moldadas por experiências passadas, fatores pessoais e processos cognitivos. Ao entender como captamos e traduzimos estímulos, percebemos como esses padrões se formam. São eles que nos impulsionam a buscar prazer e evitar a dor.

Um ponto importante: Lembre-se que buscar prazer não significa que esses padrões sejam benéficos. Experiências traumáticas podem deixar marcas profundas, moldando nossos medos e ansiedades.

Fig. "A mente cria mecanismos para você ir atrás do prazer e fugir da dor." — Isaac Efraim

Os Caminhos do Cérebro: Como Reforçamos Hábitos

Você já se sentiu como em uma novela mexicana, onde as histórias se repetem em um ciclo sem fim? Emoções intensas. Enredos dramáticos. Nessas famosas novelas dos anos 90, protagonistas enfrentavam ciclos intermináveis de sofrimento e perigo até, enfim, alcançarem a redenção. Essas histórias repetitivas, embora exageradas, ilustram bem o que acontece no nosso cérebro: experiências intensas reforçam padrões emocionais, criando verdadeiras "trilhas do sofrimento".

Como o cérebro processa as experiências da vida real? Quando percebemos perigo, o sistema nervoso se excita imediatamente. E não é só com ameaças: o mesmo acontece com momentos prazerosos, como ficar eufórico, enlouquecido de excitação etc.

Os estímulos, sejam ameaçadores ou agradáveis (eufóricos) desencadeiam reações químicas e elétricas no cérebro, formando padrões interpretativos nos neurônios — como códigos de um computador. A repetição desses estímulos cria e fortalece "caminhos cerebrais" que influenciam nossas reações. É como se cada sentimento ou emoção tivesse um caminho no cérebro. Por isso, ficamos eufóricos ao receber uma boa notícia, ao ouvir nossa música favorita ou ansiosos ao relembrar uma discussão.

Lembre-se: Essencialmente, não temos contato direto com a realidade, mas sim com as interpretações que nossa mente faz dela. Quando um padrão de pensamento se fixa no cérebro, ele cria imagens tão vívidas que parecem reais. Perdemos a noção de que essas imagens são apenas criações mentais, mas elas têm a capacidade de distorcer a nossa percepção.

Nossos padrões mentais e comportamentais se formam ao longo da vida, moldados pelas experiências vividas. São como trilhas abertas na floresta: quanto mais andamos por elas, mais fáceis se tornam de seguir. Da mesma forma, os padrões repetidos em nossos pensamentos e ações tornam-se os caminhos preferenciais da nossa mente.

Guarde essa informação: mesmo que os caminhos estejam enlameados ou repletos de monstros (as pessoas que consideramos "complicadas" e as situações difíceis da vida), a mente ainda prefere continuar neles. Curioso, não?

Tente este exercício: Você consegue identificar quais caminhos a sua mente têm preferido? Identifique um evento significativo em sua vida. Como ele ainda influencia suas reações e decisões hoje? Isso pode lhe ajudar a identificar os padrões nas suas respostas emocionais e comportamentais.

Agora que entendemos como os padrões de comportamento se formam, podemos aprofundar como traumas e medos deixam marcas no cérebro e influenciam nossas reações ao longo da vida.

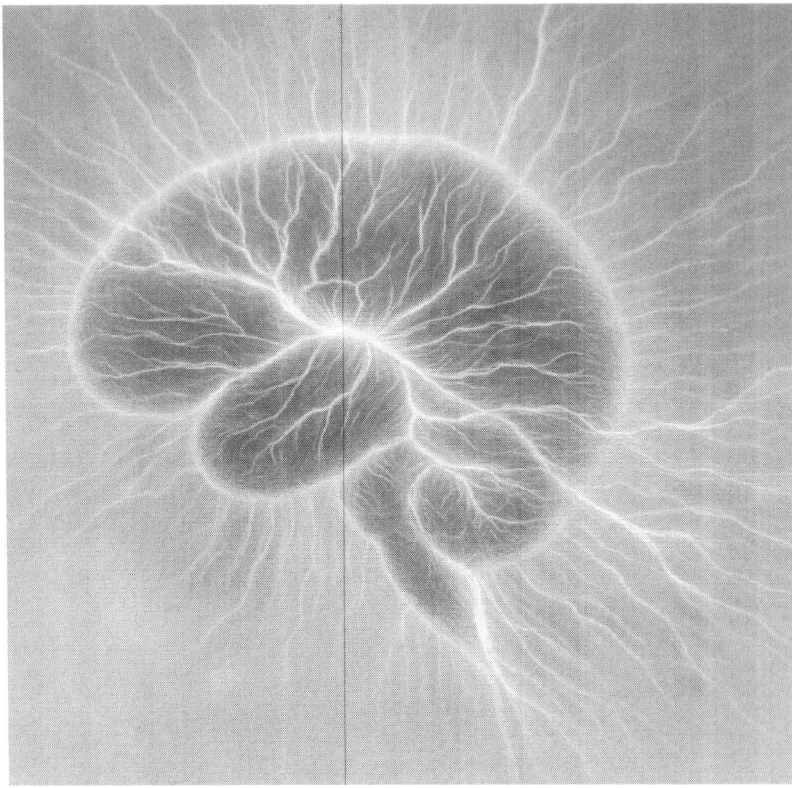

Fig. Trilhas Neurais e Cicatrizes Traumáticas: a imagem representa a ativação de trilhas neurais em resposta a estímulos sensoriais intensos, como sons ou imagens (note os caminhos mais ativos). Esses estímulos provocam reações químicas e elétricas nos neurônios, criando sensações físicas e emocionais. O cérebro capta esses estímulos e os transforma em padrões e imagens mentais que moldam nossas percepções e respostas. Esse processo ocorre por meio das conexões sinápticas entre os neurônios, que utilizam impulsos elétricos e reações químicas para transmitir informações rapidamente. Os neurônios, estruturas especializadas com ramificações chamadas dendritos e axônios, recebem estímulos que desencadeiam potenciais de ação. Esses sinais atravessam a fenda sináptica, onde são convertidos em processos químicos, possibilitando a comunicação eficiente entre as células nervosas e a integração de informações no sistema nervoso central.

Traumas, Medo e Gatilhos: as Cicatrizes da Mente

Você já se sentiu mal ao lembrar de um evento passado, revivendo-o como se estivesse acontecendo novamente? Isso é comum ao lidar com traumas e medos, que deixam marcas profundas em nossa mente.

O trauma ocorre quando algo muito intenso e marcante afeta o cérebro. Geralmente, está ligado a situações de perda, medo, pânico, pavor, assaltos, guerras, acidentes, estupros, criações severas e agressivas ou qualquer evento que abale nosso mundo emocional de maneira avassaladora. Questões sexuais, como abuso infantil, representam violências monstruosas com alta probabilidade de deixar traumas terríveis.

O cérebro absorve esses eventos como uma esponja, internalizando-os profundamente. Em pessoas com uma personalidade mais "dura" e inflexível, essas experiências podem deixar marcas ainda mais intensas.

Traumas desencadeiam reações em cadeia nos neurônios, gerando impulsos elétricos que espalham lembranças traumáticas por todo o cérebro. Se esses impulsos se repetirem muito ou de forma intensa, como em casos de sofrimento profundo, podem criar uma marca no cérebro, semelhante a uma cicatriz.

Nosso cérebro prefere atalhos conhecidos a rotas novas, mesmo que esses atalhos levem a sofrimento. Cada vez que um impulso elétrico passa por um mesmo caminho, fica mais fácil de ser acessado, porque a trilha está aberta, facilitando o acesso a essas memórias. Por exemplo, o cérebro de quem sofreu bullying na escola segue automaticamente a "estrada do bullying e da rejeição" ao ouvir alguém levantar a voz, sentindo-se perseguido e rejeitado novamente.

Além disso, esses neurônios moldados por experiências dolorosas se espalham pelo corpo e enviam mensagens aos órgãos-alvo, fazendo o corpo todo reagir — e até adoecer.

Esses efeitos podem evoluir para algo ainda mais severo: o estresse pós-traumático.

Estresse Pós-Traumático

Traumas podem evoluir para estresse pós-traumático, quando padrões cerebrais se tornam patológicos. A pessoa passa a reagir de forma desproporcional a estímulos, como se revivesse o trauma. Imagens e emoções do passado, armazenadas na memória, são automaticamente reativadas.

Essa ressonância emocional ocorre porque os estímulos desencadeiam sentimentos e imagens que ecoam em nossa vida mental. Por exemplo, um cheiro ou um som podem instantaneamente transportar alguém de volta a uma memória dolorosa.

Considere Bia, que foi assaltada por dois homens em uma moto enquanto caminhava. Durante o ataque, ela ficou no meio de um tiroteio e sofreu violência física. Hoje, ao ouvir sons de motos ou parecidos com tiros, mesmo em filmes, seu corpo reage de forma automática: o coração dispara, ela treme e fica paralisada. Esses estímulos reativam os caminhos neurais criados pelo trauma e as emoções do dia do assalto — como se estivesse acontecendo de novo no presente.

Bia não consegue distinguir a realidade de seus pensamentos. Ela não tem controle sobre isso, nem culpa, pois essa é uma reação natural e automática do cérebro — que ocorre em frações de segundo. Essa dinâmica é essencial para compreender como traumas passados moldam o presente.

Em um congresso no Havaí, examinei tomografias e ressonâncias cerebrais de soldados com estresse pós-traumático. As imagens revelaram deformações no cérebro, com áreas hipertrofiadas, causadas pela repetição dos impulsos traumáticos.

Essas cicatrizes são reativadas por gatilhos emocionais, perpetuando o impacto dos traumas em nossas vidas diárias.

Gatilhos: Reativando o Passado

Quais são seus gatilhos? A frase "Isso me dá gatilho" se popularizou para descrever situações que despertam algum tipo de incômodo emocional. Mas, afinal, o que são eles?

Gatilhos são estímulos que podem desencadear reações emocionais intensas. Qualquer coisa que nos coloque em perigo ou perturbe nossa estabilidade mental pode acionar essa resposta. O cérebro interpreta esses gatilhos como ameaças, seguindo padrões conhecidos, levando à repetição de comportamentos como controle, insegurança, raiva ou ciúme, entre outros.

Por exemplo, uma pessoa ciumenta pode se sentir ameaçada ao ver o parceiro curtindo a foto de alguém nas redes sociais. Esse pequeno gesto pode ser suficiente para disparar sentimentos que conhecemos muito bem: medo e ansiedade.

Agora, imagine alguém que cresceu sob o controle rígido de um pai severo. Mesmo na vida adulta, essa pessoa pode continuar sentindo a pressão desse controle, temendo perder apoio financeiro ou ver seus planos sabotados. O simples contato com figuras de autoridade pode se tornar um gatilho, despertando sentimentos de medo e ansiedade. Isso gera uma sensação de estagnação, como se a pessoa vivesse em uma prisão, incapaz de reagir e sem o direito de ser feliz.

Identifique e Reconheça: E você? Existem situações, pessoas ou lembranças que ainda despertam reações emocionais fortes em você? Identificar esses gatilhos é o primeiro passo para entender como o passado ainda influencia o presente. É importante compreender que não estamos buscando culpados, mas sim, entender como funcionamos. Assim, você pode, aos poucos, recuperar sua liberdade emocional.

Um Novo Caminho: o Cérebro Pode Mudar

Esta seção foi intensa, não é? Mas eu tenho uma notícia animadora. A neurociência mostra que nosso cérebro possui uma incrível capacidade de se reorganizar e formar novas conexões — chamada neuroplasticidade. Como um talentoso artista, ele pode remodelar antigos padrões e abrir novos caminhos, seja ao aprender algo novo ou ao se adaptar a mudanças.

Técnicas como identificar pensamentos, meditação, respiração consciente e simplesmente prestar atenção são ferramentas poderosas para reformular seus padrões de pensamento e comportamento prejudiciais. Isso nos permite crescer, aprender e seguir adiante de forma mais equilibrada, mesmo diante dos desafios da vida.

Exercícios e Estudo de Caso

Operação Neuro-Explorador: Durante uma semana, tente introduzir pequenas mudanças na sua rotina diária (experimente um novo alimento, mude o caminho para o trabalho, ouça um gênero musical diferente). Registre como cada mudança afeta suas sensações físicas, emoções e pensamentos.

Este exercício ajudará a entender como seu cérebro responde a novidades e estímulos variados.

Caça ao Tesouro dos Traumas: Identifique uma memória desafiadora, um trauma ou um evento passado que tenha sido difícil. Reconheça as sensações físicas, emoções e pensamentos que surgem. Isso pode ajudar a identificar como experiências passadas ainda influenciam seu presente.

Explorando mentes - Balanço Entre Prazer e Dor: Converse com amigos ou familiares sobre as complexidades do prazer e da dor, compartilhando experiências pessoais. Liste situações em que buscou prazer ou evitou dor, identificando como isso influencia suas escolhas.

O estudo de caso sobre o luto aprofunda os impactos dessa experiência no corpo e na mente, oferecendo estratégias práticas para enfrentá-lo com mais compreensão, resiliência e conexão com os conceitos apresentados.

O Que Vem a Seguir: Entenderemos como essa distorção da realidade nos leva a viver com medo e ansiedade.

17

O Preço de Fugir da Dor: Medo e Ansiedade

Ansiedade e medo são "personagens" recorrentes em nossa vida — fortes candidatos ao prêmio de maiores coadjuvantes da nossa estrela, a mente humana! Já entendemos como buscamos o prazer e fugimos da dor. Agora, vamos entender melhor duas de suas consequências e aprender a conviver melhor com elas, reduzindo seu impacto em nosso dia a dia.

Já aconteceu de você hesitar diante de uma escolha simples porque imaginou algo dando errado? Algo que talvez nem aconteça? Pois é exatamente assim que o medo e a ansiedade funcionam: a mente toma uma possibilidade pequena e a transforma em um problema gigante, preenchendo as lacunas com dúvidas e cenários difíceis.

O *medo* é uma sensação básica que surge quando uma situação é interpretada como uma ameaça, algo que pode nos causar perda ou sofrimento. Por exemplo, ao sentir uma dor, tenho medo de morrer. Diante do perigo, nossa reação instintiva é lutar (destruir o que causa medo) ou fugir. Por isso, nosso corpo fica tenso, preparado para a ação. O medo consome muita energia psíquica porque é uma sensação intensa.

A *ansiedade* é uma interpretação exagerada do medo, criando cenários mais assustadores do que a realidade. Ela surge como uma reação a esses pensamentos, e as imagens mentais amplificam o perigo, tornando-o desproporcional à situação real. Por exemplo, se minha mulher briga comigo e, num impulso, ameaça terminar, sinto um medo enorme. Em segundos, minha mente ansiosa entra em cena: "O que vai ser da minha vida? Não sei nem cozinhar um ovo!" Pronto: o medo original — ser abandonado — cresce rapidamente. Já me imagino na rua, sem casa e sem comida — um cenário apocalíptico que a ansiedade provoca.

Esses pensamentos podem ser tão intensos que parecem reais, gerando reações emocionais e físicas que dificultam nossa capacidade de agir com clareza.

O medo intensificado pela mente, com reação desproporcional, é o que chamamos de fobia. O caso de Cybele ilustra isso: "Basta ver uma aranha, mesmo minúscula, para que meu corpo reaja como se enfrentasse um monstro de mil olhos e patas. Entro em desespero, grito, meu coração dispara. Alguém pode dizer: 'Olha o tamanho dela, é menor do que a sua unha!' Mas, para mim, essa pequena criatura é um ser gigante prestes a me devorar! Já até me machuquei bem feio tentando fugir de uma aranhinha inofensiva! Foi uma resposta automática, como frear um carro bruscamente no susto.

Porém, há uma lição importante aqui: mesmo chateada com as consequências, aprendi que não sou culpada da minha reação e que, naquele momento, não poderia ter agido diferente devido ao meu medo intenso" — Cybele.

Se você também passa por algo semelhante, entender isso pode lhe ajudar a lidar melhor com essas dificuldades, em qualquer situação. Por exemplo, no ambiente profissional, a ansiedade é comum. Bia sentia-se perseguida pela chefe e, sempre que era chamada para conversar, pensava: "Fiz algo errado, vou ser demitida!”. Sua mente ampliava o cenário e ela sofria antecipadamente: sentia medo, insegurança e acreditava que havia falhado. Esses gatilhos geraram tanto estresse que Bia adoeceu, seu desempenho piorou e ela foi demitida — *mas ela não tem culpa de nada!*

O medo de falhar ou ser julgado nos impulsiona a agir imediatamente, numa tentativa de evitar tais situações. Assim, acabamos nos atrapalhando, agindo de forma precipitada e desajeitada. Tentando evitar o pior, a mente nos empurra para soluções rápidas, mas, com pensamentos desorganizados, nos prende e nos confunde.

Você já viveu algo assim? Tente se lembrar de um momento em que seu medo ou ansiedade tomaram conta, distorcendo a realidade da situação. Talvez tenha sentido uma insegurança em um relacionamento, paralisou pelo medo de falhar ou de dizer o que pensa. Há inúmeros casos diferentes, mas todos eles são amostras de como a mente aumenta e exagera os cenários que enfrentamos, criando um cenário muito pior do que a realidade.

Aqui vai uma dica divertida: Podemos, aos poucos, tirar o peso da ansiedade, não dando tanta importância a esses pensamentos, ou, quando possível, transformá-los em algo mais leve, como um personagem caricato.

“Eu mesma estou, pouco a pouco, tolerando algumas aranhas que aparecem nos cantos de casa. Até dou nome a elas. Chego a saudá-las: ‘Bom dia, Brigite! Dormiu bem?’ Embora, claro, eu ainda mantenha um olho no peixe e outro no gato!”

— Cybele

O segredo para lidar com a ansiedade é reconhecer que ela é um cenário mental, e não a realidade. Por mais que minha mente acredite, eu não vou morrer de fome por não saber cozinhar! *E o medo?* Como ele é uma reação básica, é inevitável. O que podemos fazer é senti-lo e deixá-lo passar. Diminuir a nossa ansiedade é possível, e você aprenderá aqui na prática. Por enquanto, lembre-se: pensamentos são apenas isso — pensamentos — e não a realidade concreta. Com práticas simples, como observá-los, começamos a perceber nossos medos sob uma nova perspectiva, reduzindo sua influência sobre nós.

Fig. A mente fantasia, distorce e amplia.

Exercício

O Diário dos Medos Amplificados: Escolha um medo ou ansiedade específica, como dirigir, viajar de avião, falar em público ou preocupações com a saúde. Durante uma semana, observe sempre que esse medo surgir e, se desejar, anote brevemente o que aconteceu e quais pensamentos vieram à mente. Note como sua mente amplifica ou distorce a realidade dessa preocupação.

Depois reconheça: esses cenários realmente aconteceram ou foram apenas pensamentos exagerados? Esse exercício pode ajudar a entender como o medo influencia sua percepção da realidade, permitindo que você o reconheça como parte natural do que sente.

O Que Vem a Seguir: Agora que você já entendeu o que acontece dentro do seu cérebro e como isso gera pensamentos, medo e ansiedade — distorcendo sua percepção da realidade — vamos descobrir como tudo isso afeta diretamente a nossa saúde, de maneiras inesperadas e, às vezes, perturbadoras. Com você, a esperada Sessão Terror. Pegue sua pipoca e prepare-se para uma dose extra de emoção! Será uma reviravolta na sua vida?

18

Sessão Terror: Quando Pensamentos se Tornam Vilões da Saúde

CinePesadelo: Pensamentos Viram Terror

No meio da noite, você acorda. Coração disparado. O peito apertado. Algo está errado! O desespero. Você sente que vai morrer. Mas não há nenhum perigo real: apenas pensamentos, sentimentos e emoções.

Mas atenção! Eles não são inofensivos! Como flechas invisíveis, eles disparam contra seu corpo físico. Atingem em cheio um alvo: seu órgão mais sensível. Bem no seu ponto fraco. O que está acontecendo?

Boas-vindas à Sessão Terror! Mas calma — não precisa sair correndo. O nome dessa seção é só uma provocação para captar sua atenção para um assunto sério: o poder dos pensamentos em desencadear doenças e transformar nossa própria mente em um cenário de terror.

Fascinante, não? E ao mesmo tempo, um pouco assustador. Mas entender essa conexão é libertador, porque nos traz consciência.

Nas próximas seções, você vai descobrir como os pensamentos impactam sua saúde, explorando como padrões mentais invisíveis podem desencadear sintomas físicos, intensificar o estresse e até contribuir para doenças crônicas. Vamos falar sobre ansiedade, depressão e como seu corpo reage a tudo isso, mesmo quando você não percebe o que está sentindo.

Antes de seguirmos, uma pergunta: como os seus pensamentos têm afetado a sua saúde e o seu bem-estar? Convido você a refletir sobre isso. Que estas informações possam trazer novas perspectivas para transformar sua vida.

O papel dos Pensamentos na Saúde Física: Estresse e Doenças Crônicas

Vamos começar pela relação entre estresse e doenças crônicas.

Já notou como seu corpo reage a um dia estressante? Dores de cabeça, problemas estomacais e até palpitações podem surgir. O corpo não mente: ele expressa o estresse, mesmo que você não esteja se movendo. Bia, por exemplo, sentiu seu coração disparar enquanto estava sentada no cinema – e não correndo uma maratona!

Situações desafiadoras do dia a dia podem causar dores crônicas, como nas costas ou nos ombros. Quem nunca sentiu os ombros duros como pedra ao passar por nervosismo ou ao ter preocupações? Eu também passo por isso. É curioso como esses sintomas muitas vezes desaparecem quando resolvemos conflitos emocionais. O alívio é tão real que até dizemos: "Tirei um peso dos ombros."

Mas... e quando esses incômodos persistem?

Preocupações, reclamações e emoções tóxicas como ciúme, raiva, inveja, rejeição e mágoa são como bombas-relógio, capazes de desencadear doenças crônicas e psicossomáticas.

O termo "psicossomático" vem do grego *psique* (alma) e

soma (corpo), e se refere a doenças que têm origem na mente, mas se manifestam fisicamente. A instabilidade emocional piora essas condições, sobrecarregando a mente. Quando ela não aguenta mais de tão exausta, transfere para o corpo o peso que não consegue suportar.

Somatização: Quando a Mente Adoece o Corpo

Entender como emoções se transformam em problemas físicos pode parecer complicado, mas, na verdade, é um processo bem simples: tudo começa no cérebro, que comanda nossas emoções e as espalha pelo corpo. Quando você está consciente dos seus sentimentos e do seu estado emocional, a tendência é expressá-los através do seu comportamento: você extravasa, fala, desabafa, elabora, resolve — e isso libera a vibração da emoção, aliviando sua carga e tensão.

Porém, quando as emoções são desconsideradas ou reprimidas, elas podem dominar você sem que perceba. Elas se acumulam e afetam partes específicas do organismo, chamadas de órgãos-alvo.

Todos nós temos órgãos que são mais frágeis e suscetíveis a desequilíbrios, sejam eles estruturais, metabólicos ou hormonais. Esses órgãos são os primeiros a reagir em resposta a emoções intensas: seja quando reclamamos, criticamos, nos sentimos ofendidos, culpados, ou nos envolvemos em brigas e discussões.

Essas emoções atingem seus músculos, que ficam tensos; seu estômago, que secreta mais ácido clorídrico; sua pressão arterial, que altera a musculatura dos vasos e artérias; seu intestino, que sofre alterações na musculatura; seus rins e tudo mais. Todos os órgãos do seu corpo ficam suscetíveis à descarga emocional descontrolada quando você não entende e ignora o que você sente, ou seja, quando não há consciência e elaboração dessas emoções.

Mesmo com histórico familiar de problemas pulmonares, Leo manifestou asma aos três anos, quando sentiu ciúmes do irmão recém-nascido. Seus pulmões são seus órgãos-alvo, reagindo sempre que se sente rejeitado ou com medo. Quando soube do falecimento de sua mãe, Leo entrou em crise e teve dificuldade de respirar. Embora sua asma fosse controlada por medicações modernas, o fator emocional foi determinante, e tudo saiu de controle diante de uma notícia tão impactante.

Reprimir sentimentos consome um gasto de energia tão grande que não compensa; o desgaste é enorme. Todo poder destrutivo dos sentimentos tóxicos se volta contra você. É por isso que é tão importante entender e trabalhar com seus sentimentos. Não adianta botar debaixo do tapete. Eu sei que você não faz de propósito, mas não adianta se esconder das suas emoções. Elas vão aparecer no seu corpo.

A Resposta de "Lutar ou Fugir": Um Mecanismo Primitivo com Consequências Modernas

O corpo reage automaticamente com emoções, sem depender da nossa vontade. Seria maravilhoso se pudéssemos acalmar nossos órgãos dizendo: "Ei (seu órgão-alvo), isso é algo passageiro, calma, nada de entrar em pânico!", mas não temos controle sobre isso. A mente, ao interpretar situações do dia a dia como sinal de perigo, aciona o "alarme de emergência" do organismo.

Em momentos de estresse agudo — como brigas e discussões — nossos pensamentos aceleram. Resultado: o corpo também acelera, como um carro desgovernado em alta velocidade. Essa resposta é conhecida como "lutar ou fugir", um mecanismo primitivo de defesa que prepara o corpo para reagir rapidamente às ameaças, mas coloca uma grande carga sobre nosso sistema: o coração bate mais rápido, a respiração se torna mais rápida e superficial, os músculos se tensionam, o sistema imunológico se abala. Até os mecanismos de proteção ao desenvolvimento do câncer falham — como se estivéssemos, de fato, enfrentando um perigo de vida.

Esse estado constante de alerta faz o corpo funcionar em alta rotação, dia e noite, sem descanso — o que pode ser insustentável. Respirando inadequadamente, forçamos órgãos vitais como fígado, estômago, pâncreas, pulmões, nervos, músculos e coração, que têm que trabalhar mais intensamente. E, como peças de qualquer máquina sobrecarregada, esses órgãos têm mais risco de falhar e adoecer devido a tanta pressão.

Desafios Diários, Insônia e Outras Crises

Imagine alguém como você, enfrentando os desafios do dia a dia: trabalho, relacionamentos, problemas financeiros... as fontes de estresse são inúmeras. Pessoas que passam por dificuldades, seja em casa ou no trabalho, frequentemente enfrentam crises e problemas de saúde, como nos casos que veremos a seguir.

O Dia em que Bia Travou

A mente de Bia estava sempre ocupada com pensamentos. Ela se sentia injustiçada no emprego, tinha problemas no relacionamento e já não conseguia dormir bem. A insônia e a falta de descanso adequado afetam negativamente o funcionamento do corpo, contribuindo para a tensão muscular e comportamentos como a irritação.

Certo dia, no escritório, Bia foi se levantar de sua mesa e travou bem na frente de sua chefe! Ela não conseguia andar. O desespero tomou conta, pois ela pensou que estivesse morrendo – e pior, de forma humilhante, na frente da chefe que ela "odiava"! Mais tarde, descobriu que estava sofrendo uma crise do nervo ciático. Sua fisioterapeuta explicou que o estresse causado por embates com colegas de trabalho foi o vilão dessa história. A tensão nervosa fez com que seus músculos se contraíssem, "rodando" seus ossos e pressionando um nervo.

Legado de Estresse: Azia, Gastrite e um Futuro Comprometido

Muitos sofrem com sintomas físicos persistentes, como azia e gastrite, que não melhoram com medicamentos. Muitas vezes, isso pode ser causado pela mente, que, através daquele bombardeio de flechas, não para de atormentar. Haja antiácido!

Porém, as consequências do estresse crônico vão muito além do desconforto imediato. Estudos mostram que viver em alerta constante pode desregular o sistema imunológico e até causar alterações genéticas. Isso significa que o estresse não afeta apenas a nossa saúde, mas também pode impactar as gerações futuras. Como uma "receita" passada de geração em geração, filhos e netos de pessoas que passaram por muito estresse podem ter maior risco de sofrer problemas de saúde mental.

O Caso de Leo: Agressividade e Hipertensão

Leo descobriu sua hipertensão aos 25 anos. Fez todos os exames possíveis e os médicos não encontraram nenhuma causa. Coração, rins, pulmões — tudo estava funcionando perfeitamente. Para sua surpresa, descobriu que seu corpo estava em plena forma, exceto por um detalhe: seu temperamento, que refletia como sua mente o assombrava.

Ao entender melhor o funcionamento de sua mente, ele descobriu que a causa do problema era sua agressividade. Sempre muito irritado, vivia reclamando, com raiva e frequentemente entrava em conflitos. Em suas palavras: "Aprendi com o Dr. Isaac que isso acontecia porque minha mente distorcia a realidade, fazendo-me acreditar que as pessoas queriam me prejudicar. Essa tensão crônica — seja por grandes preocupações ou por pequenos aborrecimentos — foi a causa da minha hipertensão. Se eu soubesse antes o quanto isso me prejudicaria, teria me esforçado para não me irritar tanto com o trânsito, com discussões sobre quem lava a louça ou, pior ainda, com o desejo de que tudo saísse de acordo com o meu jeito de ver o mundo e de fazer as coisas! Ou melhor... do jeito que minha mente queria que fosse!".

Viver sob constante estresse pode manifestar-se de várias formas, incluindo hipertensão, enxaquecas, refluxo gástrico, artrite, dermatite, colite, rinite — e uma infinidade de "ites". Muitas vezes essa carga mental se apresenta silenciosamente. Mas boo! Como um fantasma, ela está lá, escondidinha, aterrorizando e destruindo nossa saúde aos poucos.

Complexidade da Saúde Humana

⚠ Mas atenção! A mente não é a única causa de doenças. A saúde humana é complexa, e as doenças envolvem fatores biológicos, ambientais e psicológicos. Por isso, é importante lembrar que as doenças podem ter múltiplas causas e exigem exames médicos e análises para um diagnóstico e tratamento adequados.

Mas o que importa agora é entender que onde há um pensamento, há uma imagem. Nossa mente está em pleno funcionamento. Quando ela está acelerada, caímos em sua rede, reduzindo nossa capacidade de absorver informações da realidade.

🕮 Porém, quero deixar uma mensagem importante: não estou pregando aqui que você não sinta ou controle suas emoções, medos, ou sintomas físicos. O que prego é absolutamente o contrário. Sinta cada um deles, prestando atenção quando eles vêm.

Identifique e reconheça: Você já percebe padrões de pensamento intensos e persistentes que têm afetado sua saúde ao longo dos anos?

Comece a prestar atenção em reações de seu corpo a algo que você tem medo, a um sentimento negativo, ou quando está em uma discussão. Podem surgir reações como mãos suadas, boca seca, coração disparado. Sinta cada uma delas quando vierem.

É essencial aprender a reconhecer essas reações. Algo tão simples quanto perceber seus pensamentos ou respirar conscientemente, pode ser um excelente ponto de partida para diminuir o estresse e melhorar seu foco. Faça os exercícios de respiração ensinados nos capítulos que ensinam meditação e como prestar atenção, para aplicá-los no seu dia a dia.

Entenda que é como esticar uma corda até que ela não aguente mais e arrebente. Compreender essa conexão é o primeiro passo para diminuir os sintomas de forma mais eficaz e desenvolver uma relação mais saudável com seus pensamentos.

Agora que você já compreendeu como os pensamentos afetam o seu corpo, vamos explorar nos próximos capítulos como eles também moldam nossa saúde mental.

Exercícios

Objetivo: Esses exercícios ajudam a aumentar a consciência sobre a relação entre emoções e corpo, permitindo reconhecer sinais precoces de estresse ou ansiedade.

Aventura no Parque do Estresse: Durante um dia, preste atenção em situações que causam estresse. Pergunte-se: "Como meu corpo reage em momentos de tensão?". Note se sente dor de cabeça, aperto no peito, azia, tensão muscular ou outros sintomas.

Identifique seus órgãos-alvo: Observe quais partes do seu corpo reagem primeiro quando você está emocionalmente abalado ou sob forte emoção. Tente identificar padrões ao longo do tempo.

Fig. Nossos pensamentos e sentimentos tóxicos afetam diferentes órgãos do corpo. As flechas representam pensamentos e emoções negativas direcionadas aos nossos órgãos.

19

Ansiedade: A Busca pela Ilusão do Controle

Ansiedade e depressão são dois transtornos de saúde mental muito comuns, e que muitas vezes se manifestam ao mesmo tempo. Você conhece alguém que lide com elas? Talvez você também sofra com elas.

Ficar preso em pensamentos, remoendo preocupações ou relembrando eventos passados são padrões mentais presentes nesses transtornos. Eles nos distanciam da realidade, intensificando o sentimento de isolamento e desconexão. Além disso, esses pensamentos afetam a comunicação e os relacionamentos, criando barreiras que podem agravar ainda mais o problema. Vamos entender, em detalhes, como a mente atua nesses casos.

Ansiedade e Pânico

Você tem curiosidade em saber quais são os diagnósticos mais comuns em um consultório psiquiátrico como o meu? Atualmente, ansiedade e pânico lideram. Geralmente, a pessoa chega relatando sintomas físicos e mentais, *sentindo-se incapaz de superar* um obstáculo, como perdas ou desafios no trabalho ou na vida pessoal.

Do ponto de vista médico, a ansiedade é uma resposta natural ao estresse, caracterizada pelo medo de perder algo importante ou pela apreensão sobre o que está por vir. Na ansiedade, os pensamentos aceleram e se tornam incontroláveis, dificultando nossa atenção e limitando a capacidade de organizar informações e de compreender o que está acontecendo ao nosso redor.

Como a Ansiedade se Manifesta

Como vimos, a ansiedade é o excesso de medo. Quando ela toma conta, tendemos a acreditar nas imagens criadas pela mente. Veja o exemplo de Leo e Bia no cinema: Leo cumprimentou uma colega com gentileza, mas Bia interpretou como ameaça, o que "deu gatilho" a seu ciúme. Isso mostra como a mente distorce situações simples, gerando sofrimento.

Isso também acontece com pais, mães ou cuidadores que se preocupam em não serem bons o suficiente. Coisas pequenas — como um comentário sobre seu jeito de cuidar — podem parecer ameaças enormes, já que existe o risco de falhar nesse papel tão importante. A mente, já em alerta, projeta cenários de fracasso, e o ciclo de pensamentos (sempre negativos), vai progredindo: "Se algo de ruim acontecer, será culpa minha! As pessoas terão raiva de mim e vou acabar só!" E tudo isso pode começar por algo simples, como esquecer de dar um remédio na hora certa ou de colocar uma maçã na lancheira!

Esse medo de falhar e o sentimento de incapacidade passam a dominar os pensamentos. E é aí que a mente capricha na "malvadeza", projetando os piores cenários, como uma diretora de filmes de terror — sempre pronta para o próximo susto! A ansiedade, então, cresce e toma conta.

Vamos incluir você nessa história. Você está esperando o resultado de um exame de saúde. Sua médica liga, mas o tom de voz dela parece diferente do habitual. Imediatamente, você interpreta isso como um sinal de perigo: "Será algo grave? Vou perder minha saúde?". Seus pensamentos disparam: "Não poderei mais trabalhar", "Como vou pagar o tratamento?" ou "E se eu morrer?". Isso é o que chamamos de *cenário mental.* Sua mente cria histórias baseadas em seus medos, e, ao acreditar nelas, seu corpo reage como se fossem reais: a respiração fica ofegante, o coração dispara, e você sente medo ou pânico diante da possibilidade de perda.

Esse ciclo de pensamentos negativos intensifica a ansiedade e o medo, muitas vezes sem que você perceba que são os próprios pensamentos os causadores dessas emoções. É nesse momento que a mente se apresenta: "Olá! Cheguei!", diz ela, assumindo o controle, distorcendo sua percepção da realidade e transformando um simples telefonema em um drama psicológico.

Mas por que isso acontece? Diante de desafios, nossa energia mental e física naturalmente diminui, afetando nossa confiança e sensação de poder. Essa "falta de energia" desencadeia ansiedade e, em casos mais intensos, pânico.

Ansiedade e o pânico também podem surgir de nossa tentativa de controlar o futuro, na esperança de garantir que tudo dê certo. Mas a verdade é que o futuro é uma construção da nossa mente. Afinal, o "amanhã" se torna "hoje" quando chega. Nós só podemos viver a realidade no presente.

Pensar no futuro traz incerteza e insegurança. Você já percebeu que nossa ansiedade se intensifica ao tentarmos controlar o incontrolável? Na nossa busca por garantir um futuro positivo, frequentemente nos deparamos com a impotência, trazendo de volta a ansiedade e o pânico.

Curiosamente, quase todas as pessoas que chegam ao consultório não percebem essa dinâmica logo de início. Mas, quando explico isso — exatamente como estou fazendo aqui —, elas percebem que essa é a verdadeira razão de estarem sofrendo.

E quanto a remédios? Bem, talvez a melhor "prescrição" não venha em um frasco...

Como Melhorar da Ansiedade e do Pânico

Você pode se perguntar: "Doutor, como tratar a ansiedade corretamente? Apenas com calmantes?"

Remédios ajudam porque trazem um alívio imediato. Antidepressivos também são úteis, pois, além de acalmarem, elevam temporariamente a energia interna. Mas, como a ansiedade e o pânico são frutos de uma configuração mental, os sintomas voltam assim que o efeito do medicamento passa.

Os medicamentos são como um curativo sobre uma ferida grande — ajudam um pouco, mas não resolvem a causa real do problema. O que realmente vai fazer alguém se curar é aprender a compreender e lidar com as oscilações de energia, que fazem parte do ser humano.

Lembre-se: a vida é como uma roda gigante. Ninguém consegue manter o mesmo nível de energia o tempo todo. Altos e baixos são naturais, e sentir desânimo ou cansaço diante de desafios não significa que algo está errado — apenas que você está vivo.

Parece que a mente quer apenas tocar o terror, não é mesmo? Ela é uma verdadeira fábrica de ilusões. Mas, com o tempo e o conhecimento certo vindo de nossas "escrituras", você aprende os truques para uma convivência mais harmônica. Compreender a mente é a chave para nos capacitar a enfrentar a ansiedade e o pânico com consciência e força, seja diante de problemas financeiros, familiares ou de saúde.

📖 Dica: O verdadeiro segredo está na habilidade de lidar com as oscilações de energia. Quanto mais você entende esse processo, mais preparado se torna para enfrentar os desafios emocionais sem ser dominado por eles.

No próximo capítulo, falaremos de depressão e sua relação com a energia psíquica e esgotamento mental.

Identifique e reconheça: Tente aplicar os exemplos que dei a qualquer dificuldade que você esteja enfrentando, seja na família, nos relacionamentos, no emprego, na saúde ou em qualquer outra área (os padrões de reação da mente são semelhantes). Perceba como essas ideias fazem você se sentir impotente e incapaz de lidar com a vida, afetando sua autoestima. Lembre-se: é natural sentir nervosismo diante dessas situações.

Exercícios

O que me falta? O que você acha que está faltando em você? Perceba como essa sensação dispara mais pensamentos. Tente identificar se esses pensamentos têm alguma relação com sua saúde física e mental.

Que problemão! Qual problema tem preocupado você? Tente reconhecer os padrões de pensamentos que estão em sua cabeça por causa dele. Você consegue enxergar as ameaças da mente? Quais são elas? Perceba se esses pensamentos estão causando sensação de cansaço, medo ou desânimo. Não se julgue, nem se critique. Apenas perceba.

Árvore de Problemas e Soluções: Desenhe uma árvore para representar um problema que esteja enfrentando. O tronco representa o problema principal, as raízes são as causas subjacentes, e os galhos são as soluções ou ações que você pode tomar para lidar com ele. Visualizar o problema dessa forma pode ajudar a identificar caminhos práticos para enfrentá-lo.

Ao praticar esses exercícios durante uma semana, você começará a perceber padrões interessantes sobre como seus pensamentos afetam tanto sua mente quanto seu corpo. São passos simples para entender melhor a si mesmo e melhorar seu bem-estar geral.

20

Depressão: a Mente Cansada

Não conseguir parar de pensar — este é um dos aspectos mais marcantes da depressão.

"Pensamentos que giram, paralisam e sufocam. Vontade de desistir. Eu, Cybele, sei exatamente como é estar nesse lugar, porque já estive lá. Parece não haver luz, nem esperança. Tudo nos convence de que não há saída — como eu mesma senti desde a infância e por grande parte da minha vida. Durante anos, tratei a depressão e me surpreendi ao descobrir o papel dos pensamentos nesse processo. Hoje, sem depressão há muito tempo, ainda fico pra baixo de vez em quando. Mas agora passa mais rápido, porque aprendi a reconhecer meus padrões de pensamento. Sempre há saída, e o conhecimento nos transforma."

O que Cybele viveu é mais comum do que parece. E entender os caminhos que levam a esse estado é o primeiro passo para sair dele. Se você está enfrentando a depressão ou deseja ajudar alguém nessa situação, este capítulo pode oferecer uma nova perspectiva sobre como esse processo funciona.

O que é Depressão e como chegamos a esse ponto?

Muito mais do que uma tristeza passageira, a depressão é uma doença grave que altera profundamente a forma como pensamos, sentimos e agimos. Ela é frequentemente desencadeada por uma perda real: a morte de um ente querido, o fim de um relacionamento, uma frustração, a perda do emprego, da saúde, da independência ou até mesmo de um sonho.

Esses eventos desestabilizam a mente, dificultando a adaptação à nova realidade e nos levando a um ponto de crise: a exaustão mental.

Nesse estado de esgotamento, a mente sobrecarregada funciona como um celular com muitos aplicativos abertos: fica lenta, trava e, em algum momento, pode simplesmente desligar. A busca por prazeres como controle, segurança e poder, vai desgastando até que a pessoa se torne incapaz de realizar suas atividades diárias.

Como a Energia se Esgota?

Ao longo de minha experiência psiquiátrica, tratei milhares de casos de depressão em pessoas de várias idades, gêneros, culturas e condições socioeconômicas. Cada história é única, mas um padrão é comum: a depressão é um estado de esgotamento da energia psíquica. Isso pode acontecer por dois motivos principais:

Produção insuficiente de energia — Algumas pessoas têm uma predisposição genética ou biológica para a depressão, com um metabolismo psíquico mais lento, que produz menos energia ou a gasta mais rapidamente.

Uso excessivo de energia — Em cerca de 80% dos casos, a depressão é desencadeada por padrões de pensamento e comportamento que consomem uma quantidade excessiva de energia.

Vamos entender melhor as principais causas desse consumo exagerado. Será que você se identifica com alguma delas?

Perda e Não Aceitação: Diante da perda, o pensamento tende a se voltar para o passado. Há uma idealização do que foi perdido e uma dificuldade em aceitar a nova realidade. Por exemplo: ao perdermos alguém, a mente não consegue incorporar o fato, e fica criando a imagem da pessoa: "ah, se ela estivesse viva". Assim, forma-se um "zig zag" eterno em nossa cabeça, que vai nos esgotando: "Ah, Ela se foi... Mas não podia! Mas foi... Mas não podia!" Esse inconformismo do pensamento e a não aceitação do novo cenário são fatores que conduzem ao esvaziamento de energia e depressão.

Busca por Perfeição: Nossos ideais de perfeição também contribuem significativamente para o esgotamento de nossa energia. A tentativa de conquistar respeito, admiração, beleza, aceitação ou valorização — geram um desgaste enorme de energia, além de culpa, frustração e um medo constante de falhar. Emoções como medo, euforia e a necessidade de controle ou perfeição são particularmente exaustivas. O mesmo se aplica ao burnout e ao estresse crônico, condições frequentemente relacionadas à depressão e que surgem de um esforço contínuo e muitas vezes não recompensado para agradar chefes, família e outros ao seu redor. Esse desgaste, quando profundo e repetido, pode levar à depressão crônica.

Preocupações Excessivas: Quando dominados por pensamentos negativos, criamos defesas para evitar os perigos percebidos pela mente e tentamos antecipar soluções. Um exemplo é a preocupação com nossa situação financeira, que nos coloca em um ciclo infinito de pensamentos negativos e defesas imaginárias. A mente fica remoendo os problemas, pintando cenários ainda mais difíceis. Rodando em pensamentos, ela fica exausta.

Sintomas da Depressão e a Familiaridade na Dor

Tarefas simples, como levantar da cama ou tomar banho, tornam-se desafios enormes. Todos os pensamentos são marcados por impotência e incapacidade: Quem vive com depressão acredita que não tem valor, que falhou em ser perfeito, que é incapaz e que ninguém o ama. Ele acredita que não pode confiar em ninguém, e que está fadado ao fracasso. O mundo parece um lugar terrível.

O fluxo de pensamentos é incessante, não dá nenhuma trégua, alterando a forma como percebemos a realidade e nossa visão de mundo.

A depressão pode se tornar uma zona de conforto — não porque seja agradável, mas porque o sofrimento se torna familiar. Não é que a pessoa deseje estar deprimida, mas sua mente se acostuma a esse estado. Ela fica aprisionada nesse ciclo difícil de quebrar, o que torna qualquer mudança ainda mais desafiadora.

Com os pensamentos, a pessoa tende a alimentar e sustentar essas ideias negativas, muitas vezes sem perceber.

Quem está em depressão frequentemente não consegue sentir prazer no contato com a realidade. Isso acontece geralmente por dois motivos: a pessoa se sente tão inferior ou desajeitada que não consegue produzir bons resultados; ou simplesmente não tem energia suficiente para sustentar a sensação de prazer.

⚠ Atenção! É impossível ser perfeito o tempo todo. Sustentar a imagem que queremos passar para o mundo é exaustivo e nos deixa completamente esgotados.

Quanto mais resistimos à insegurança e à ideia de perda, mais nos refugiamos no pensamento — e, ironicamente, é justamente esse excesso de pensamento que nos mantém presos ao sofrimento. Quebrar esse ciclo exige consciência, apoio e, acima de tudo, a coragem de enfrentar o pensamento.

Estudo de Caso: Energia Concentrada e Exaustão

Para ilustrar como esse esgotamento contribui para a depressão, vejamos um caso real:

"Por anos, lutei contra a depressão sem entender suas raízes. Sempre me senti insegura e insatisfeita com minha aparência. Canalizei toda minha energia na busca pela excelência, conquistando destaque acadêmico e profissional, por acreditar que a sociedade esperava isso de pessoas poderosas. Mas, sem perceber, essa busca incessante pela perfeição estava me consumindo.

Quando estava muito mal, sem forças para fazer o que gostava, procurei ajuda. Os antidepressivos não resolviam, e foi na terapia que comecei a compreender minha mente. Aos poucos, percebi que minha preocupação com a imagem — tanto profissional quanto física — e o medo de rejeição estavam por trás do meu esgotamento constante. Eu vivia tentando provar meu valor, buscando validar minha autoestima, que sempre foi baixíssima.

Mesmo melhor, ainda preciso estar atenta a esse padrão. Em situações de pressão, sinto um pico de energia e entusiasmo. Porém, dias antes de um evento importante, sou tomada por ansiedade e antecipação, presa em um ciclo de preparação intensa. Sinto prazer em mostrar meu potencial, consigo entregar resultados impecáveis e apresentações memoráveis — mas a um preço alto.

Um episódio marcante foi minha apresentação final em um programa de liderança. Passei semanas completamente dedicada ao projeto, sentindo no corpo a tensão e o estresse, apesar de amar o que faço e estar feliz e eufórica. A pressão não vinha de fora, mas de mim mesma. Eu queria brilhar!

Após a apresentação, quando a adrenalina dissipou, senti como se um caminhão tivesse passado por cima de mim. Exausta física e mentalmente, voltei para casa e me joguei no sofá, sem forças nem para comer, apesar da alegria pelo meu desempenho. Era como uma ressaca mental!

Hoje, estou aprendendo a abrir mão da necessidade de brilhar o tempo todo. Compreender minha mente, e o meu ego, tem sido essencial para encontrar um equilíbrio mais saudável. Ainda me afeta, mas de forma menos intensa. Percebi que buscar validação era um caminho sem volta para o esgotamento. A terapia cognitivo-comportamental em grupo tem sido fundamental para me identificar e conectar com outras pessoas que enfrentam desafios semelhantes."

Esse relato reflete um padrão de funcionamento mental conhecido como "energia concentrada" — a tendência de investir energia de forma intensa e impulsiva em questões emocionais, resultando em um rápido esgotamento. Pessoas com esse perfil entregam desempenhos excepcionais, mas apenas por períodos limitados, pois o grande esforço vem acompanhado de um desgaste extremo. Para outras pessoas, quando algo não sai como esperado, surge a sensação de impotência, levando à perda significativa de energia — frequentemente culminando em depressão.

Embora hoje esteja em um estado mais equilibrado, reconhecer esse padrão foi essencial para que ela pudesse, aos poucos, abrir mão da busca pela perfeição, porque ela entendeu que isso lhe faz muito mal.

Como você perde energia?

Você pode usar o exemplo relatado para ajudar você a identificar esses padrões em sua vida. Talvez você tenha características contrárias, não se ache inteligente, e escore sua imagem em sua aparência — gastando muita energia para mantê-la. Ou talvez não goste de algo em si mesmo e compense isso cuidando excessivamente dos outros. Esses padrões também levam ao desgaste emocional, exaustão, e, eventualmente, depressão.

Se você se identificou com esses padrões, não se critique. Lembre-se de que o julgamento nunca ajuda. O importante é começar a prestar atenção aos sinais de esgotamento, como cansaço constante, irritabilidade, dificuldade de concentração e desânimo. Reconhecer esses padrões é o primeiro passo para recuperar energia e melhorar seu bem-estar.

É essencial entender que, ao enfrentarmos dificuldades, sentimentos de impotência ou problemas reais, nossa mente pode tentar fugir da realidade — seja negando a situação atual, seja buscando refúgio em idealizações do passado ou em fantasias de perfeição.

Há Saída

E você? Onde sua energia está sendo drenada? Você se cobra em excesso para ser melhor? Precisa constantemente da aprovação dos outros? Tem assumido mais responsabilidades do que consegue dar conta, por medo de desagradar?

A depressão, no entanto, não é um beco sem saída. Com apoio, compreensão e estratégias adequadas, é possível aumentar a consciência, recuperar a energia psíquica e encontrar equilíbrio. Práticas como reconhecer e entender padrões de comportamento, meditação, atenção aos sentimentos e aceitação podem ser ferramentas valiosas para recarregar sua "bateria mental".

Lembre-se: buscar ajuda profissional é um sinal de força, não de fraqueza.

Como está sua bateria? Vamos aos exercícios para ajudar você a identificar esses padrões.

Exercícios

Medo de perder: Quais são seus maiores medos de perder

(pessoas, saúde, segurança, liberdade, identidade, autoestima, oportunidades, juventude)? Identifique se seus pensamentos negativos estão relacionados a esse medo.

Reconhecendo Padrões: Observe momentos de alta intensidade emocional e os eventos que os provocaram. Liste situações em que se sentiu sobrecarregado e analise os pensamentos e comportamentos envolvidos.

Expectativas e Realidade: Relacione suas expectativas em relação a si mesmo e aos outros. Avalie se são realistas e como impactam seu bem-estar.

Infográfico Sessão Terror

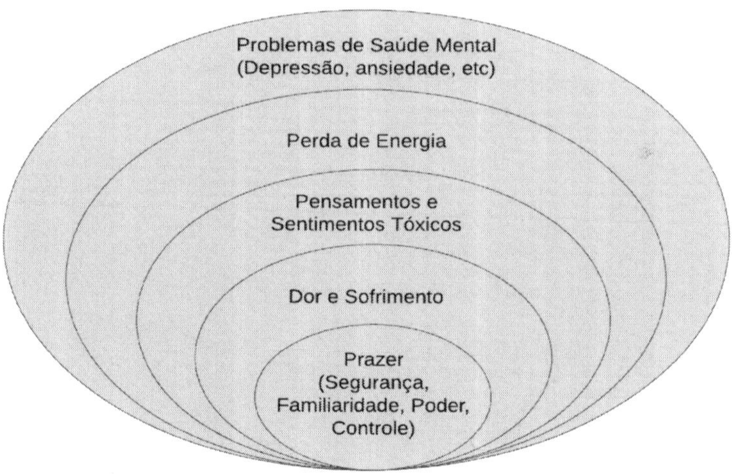

Fig. A "cebola" mostra onde o sofrimento nasce, escalando para problemas de saúde.

O Que Vem a Seguir: Quanto aprendizado! Saímos mais fortes dessa sequência da Sessão Terror, não é? Mas você sabia que a mente registra o sofrimento como um crédito? Como se tivéssemos um "livro-caixa" mental, onde cada dor acumulada valesse um ponto de recompensa... em uma empresa falida! E adivinhe o prêmio? Mais dor, mais frustração, mais doenças — e, claro, depressão.

21

O Destrutivo Poder da Vítima

Chegou a hora de entender o sistema da mente de acumular milhas falidas. Um dos meios de ganhar mais pontos é através de um prazer: o "poder da vítima", que se manifesta quando usamos o sofrimento para mobilizar ou prender o outro. Como a maioria das pessoas carrega culpa, elas acabam querendo nos ajudar, o que nos dá uma sensação de poder. Jogamos nossa rede e elas caem como peixinhos! Mas fazemos isso, na maioria das vezes, sem perceber.

Embora pareça trazer controle e empatia, o caminho da vitimização reforça nossa sensação de impotência e nos leva ao fundo do poço.

Que lado da rede você está? Da pesca ou do pescado?

Sofrimento como mérito

Recapitulando, infelicidade e dificuldade podem facilmente virar um vício e se tornarem nossas zonas de conforto. O sofrimento, em particular, muitas vezes é visto como um mérito pela mente. Chamo isso de *livro-caixa da mente:* quanto mais eu sofro, mais créditos eu acumulo!

É como se, ao sofrer, ganhássemos o direito de reclamar, de sermos consolados, de receber atenção ou de nos esquivar de responsabilidades.

Quem nunca se emocionou com uma história de sofrimento e volta por cima? Adoramos histórias de superação. Nós mesmos gostamos de contar nossas histórias heroicas — mesmo que, às vezes, exageremos nos perrengues.

Se postarmos nas redes sociais, é sucesso certo: "Cheguei aqui, mas eu sofri muito. Foi muito difícil. Comi o pão que o diabo amassou." Aí pronto: mensagens e curtidas vêm em forma de apoio. Esse é um exemplo claro de que buscamos o sofrimento como uma forma de acumular créditos e méritos.

⚠ Atenção! Viver nesse "sistema" faz muito mal. São desvios da mente que causam alto grau de sofrimento e doenças físicas e mentais.

O Despertar da Vítima

Bia: "Desde pequena, quando estava doente ou triste, as pessoas me cercavam de atenção e cuidado. Achava que viver deprimida, adoentada e sem sorte era simplesmente quem eu era. Eu tinha muita raiva do mundo. Já adulta, vomitei em um evento! Muitos vieram ajudar. Alguém então disse: 'Você gosta de chamar atenção, não é? Então faça isso de forma positiva!'. E assim eu acordei para uma realidade que eu não conhecia. Nunca tinha me ocorrido que eu, sem perceber, *usava e abusava* desse meu grande poder: o poder da vítima".

Como Bia, muitos caem nessa armadilha fácil, perigosa e autodestrutiva. A vitimização é um padrão que gera reação passiva às frustrações, transformando o sofrimento em moeda de troca por compaixão. Bia atraía apoio por sua fragilidade, mas isso tinha um custo elevado: a mantinha em sua zona de conforto negativa, onde encontrava familiaridade.

A Crença na Recompensa e o Ciclo da Culpa

A vitimização frequentemente carrega a crença de que os esforços devem ser recompensados. Uma mãe que dedica a vida ao filho pode se sentir injustiçada e desvalorizada quando ele se torna independente. Essa perspectiva transforma o sofrimento em uma forma de controle: a pessoa espera que os outros retribuam com atenção especial, como compensação por suas dores.

Quando a expectativa não é atendida, a vitimização se intensifica, reforçando esse sentimento: a mente aciona mecanismos de controle, como a manipulação. A vítima lista os sacrifícios que fez, como cuidar ou contribuir com as despesas da casa, e acusa o outro: "Faço tudo por você, e mesmo assim, você não me dá a atenção que mereço. Não é certo".

Entra a culpa, a essência desse jogo. A vítima, consciente ou não, atribui a culpa de seus problemas aos outros, à vida ou a qualquer situação externa. E, do outro lado, quem tem um forte sentimento de culpa tende a absorver essa projeção, mobilizando-se em torno do sofrimento da vítima e, às vezes, até assumindo a responsabilidade pelos seus problemas.

Por exemplo, quem teme enfrentar a vida e atrai alguém que lhe dá suporte segue carregando o peso desse ciclo — como se o fracasso dela fosse também o fracasso de quem a sustenta. Sentindo culpa, o outro assume essa responsabilidade, reforçando a dependência. Assim, a vitimização se fortalece — não apenas para quem a vive, mas para quem a apoia. Quanto mais o outro assume seu papel heroico de salvar o outro, mais difícil é sair.

Você já viu casos assim? Eles não são raros. Todos nós, em algum momento, já estivemos em um desses lados. Já usamos o sofrimento como moeda de troca ou já assumimos a culpa pelos problemas de alguém.

Esses padrões são comuns em relacionamentos e no trabalho. Pessoas se vitimizam para ganhar apoio, reclamando que não conseguem fazer as coisas, que são fracassadas, ou de que os superiores "não vão com a sua cara". Colegas, ou o cônjuge, movidos por pena ou culpa, se prontificam a ajudar, muitas vezes assumindo o trabalho da "vítima".

Embora pareça atrair apoio, essa abordagem é uma cilada com consequências graves, levando a um ciclo perigoso. A pessoa pode, inconscientemente, criar situações nas quais se sente derrotada e mais vitimizada, exacerbando um padrão de sofrimento e impotência. Até o corpo começa a gritar.

Sua Saúde Paga a Conta

Por exemplo, a mãe do nosso exemplo não só reclama como sente que precisa sofrer e adoecer para garantir atenção. Seu corpo reage, sua pressão sobe, correndo o risco de ter um derrame devido a esse processo autodestrutivo. Eu às vezes caio nessa armadilha, mesmo sabendo do mal que isso me faz. Sim, sou psiquiatra, mas antes de tudo sou um ser humano — e passo pelas mesmas dificuldades que você.

Esse padrão traz sensação temporária de controle, mas também traz efeitos colaterais muito maiores, promovendo um sofrimento contínuo e, muitas vezes, agravando a depressão. Além disso, a persistência nesse papel impede o desenvolvimento de resiliência e autonomia: inconscientemente, a vítima teme que, ao mudar, perca o vínculo que a mantém segura — e, com ele, o laço que prende o outro ao seu lado.

Lembre-se: somos seres biológicos, e nossas atitudes estão profundamente conectadas a isso. Tentar evitar ou negar esses processos naturais é desperdiçar tempo e criar padrões que não trarão os resultados desejados. Não compensa. Se você se identificou com esses padrões, não se culpe — apenas observe.

Reconhecê-lo é o primeiro passo para sair dele. Meu processo terapêutico parte dessa chave: ter consciência das suas ações e se esforçar para abrir mão do que não é saudável para você. Você aprende a reorganizar sua mente simplesmente porque ajudará você a fluir melhor pela realidade e sofrer menos no contato com ela.

Concluindo: o verdadeiro poder está em prestar atenção e perceber como agimos, sem nos rendermos à vitimização. Bia tem aprendido a identificar quando cai nesse ciclo e, aos poucos, vem apresentando melhoras significativas, aplicando as estratégias que compartilho neste livro. Seu "livro de registros de sofrimento" já está mais equilibrado.

E o seu? Está pronto para abrir e ver o que tem acumulado lá dentro? Será que você já caiu nesses padrões sem perceber? Vamos aos exercícios para ajudar a quebrar esse ciclo.

Exercício: compreender o impacto do papel de vítima na sua vida.

Identifique uma situação recente em que você se sentiu como uma vítima. Pode ser uma discussão com um amigo, um problema no trabalho, ou uma situação familiar. Observe como assumir esse papel afetou suas ações e reações. Tente identificar se você usou essa posição para obter simpatia ou evitar responsabilidades.

Auditoria do Sofrimento: Durante um dia, faça um "balanço" do seu sofrimento. Cada vez que se pegar reclamando, dramatizando ou revivendo algo ruim, marque mentalmente como se fosse um crédito no *livro-caixa da mente*. Lembre-se: esses créditos acumulam juros altos — ou seja, mais sofrimento.

🕮 Dica: Estar no fundo do poço é estar no mundo da mente.

O Que Vem a Seguir: A mente ainda quer mais um joguinho. Adivinhe quem se diverte ao criar problemas, nos deixando exaustos?

22

O Prazer nos Problemas

A mente adora problemas. Parece estranho? Mas é verdade! Se não há um real para resolver, ela inventa um, nos mantendo preocupados o tempo inteiro. Nesta seção, você vai descobrir por que a mente busca problemas sem parar e como identificar esse padrão em sua vida. Resolver problemas — seus ou dos outros — além de dar a sensação de um superpoder, pode facilmente virar um ciclo vicioso, drenando sua energia sem que você perceba. E o pior? Quanto mais você resolve, mais problemas a mente cria. Que problemão!

O que a mente ganha ao criar problemas?

Se não houver um problema para lidar, a mente entra em crise existencial. Ela ama problemas porque sua função é resolvê-los. Problemas geram prazer para ela de duas maneiras:

Via Ideal a Alcançar: A mente traça sempre um objetivo perfeito e oferece um caminho para alcançá-lo. Quando algo na realidade não está "certo", ela entra em ação para corrigir o curso. Consertar o caminho dá aquela sensação gostosa de estar mais perto do ideal.

Muitos de nós acreditamos que tudo precisa sair exatamente como planejamos. Nessas horas, estamos sob o domínio da mente. Quando isso não acontece, a mente intensifica a preocupação e nos arrasta para um estado de vulnerabilidade e desequilíbrio, drenando nossa energia e minando nossas relações.

Por exemplo, Bia estava em uma viagem a trabalho e, mesmo sabendo que tudo estava sob controle em casa, ligava repetidamente. Ao chegar, encontrou as crianças tranquilas, limpas e alimentadas, mas não exatamente como planejou. "Por que não fizeram como eu mandei?", reclamou, quase gritando — como se houvesse algo a corrigir.

O resultado? Quebrou a harmonia da casa, insatisfeita por não ter seu ideal seguido à risca. Sua mente estava procurando pelo em ovo, e adivinha só? Conseguiu!

Via Prazer no Problema: Resolver algo nos faz sentir competentes, poderosos. Mas nem precisa solucionar de verdade! Só o ato de imaginar uma solução já encanta a mente: "Uau, olha essa ideia genial!" Por isso, ela não apenas gosta de problemas, como também precisa deles — até dos mais chatos e desagradáveis. Sem problemas, a mente perde sua função e se sente exposta, vulnerável aos perigos da vida, como uma heroína aposentada.

E assim a mente vai caçando problemas. Por exemplo, um empresário viciado em resolver problemas transforma qualquer situação em algo a ser consertado. Basta encontrar algo "fora de ordem" e lá está ele, pronto para agir. Mas há um ponto crítico: tudo se transforma em algo a se resolver, consumindo completamente sua mente. Sem problemas para resolver, ele se sente inútil e angustiado — como se fosse sua missão consertar tudo o tempo todo.

Se você já passou por isso, sabe exatamente como ele se sente: poderoso, superior. Imagine um conflito em casa, você intervém e resolve. É difícil não se sentir incrível, não é?

Mas cuidado! Isso vicia. Dá uma sensação intensa de força, capacidade e prazer, mas vicia e esgota a sua energia.

Uma mente assim começa a enxergar tudo como um problema — porque precisa dessa "matéria-prima" para satisfazer o vício. Como se não bastasse, a pessoa passa a procurar inconscientemente situações cada vez mais desafiadoras para obter um prazer mais refinado. "Se eu não resolver, quem vai?" ou "Isso é importante. Se eu não me preocupar, as coisas vão sair errado..."

Esses pensamentos se instalam silenciosamente na mente, reforçando o ciclo viciante. Cada solução reafirma sua identidade de salvador, de indispensável. E sabe o que essa ilusão gera? Acertou: mais problemas!

O Custo do Vício em Problemas

Quanto maior e mais desafiador o problema, maior o prazer em resolvê-lo — e maior a culpa quando falhamos. Não resolver o problema é perder o caminho do prazer e aumentar o risco do sofrimento. Aí não tem jeito: nossa energia cai, e o desânimo e a depressão aparecem.

Quando não temos consciência, não conseguimos perceber essas emboscadas da mente. E assim o ciclo recomeça: encontra o problema, conserta, sente prazer... e busca mais problemas.

Você também adora resolver um problema? Já percebeu se tem segurado essas bombas?

Exercício — Será que o maior problema da sua vida é que você não consegue viver sem problemas?

Identifique um problema recente que você tentou resolver. Ao observar como isso influenciou suas emoções e seu ambiente, você começa a ganhar *consciência* — a chave para a mudança.

O Que Vem a Seguir: Se a mente cria tantos problemas que fazem tanto mal, por que é tão difícil escapar dessa encrenca? Se você acha que é só decidir mudar e pronto... a mente já está um passo à frente! Ela já preparou suas próprias barreiras e escudos para garantir que nada mude.

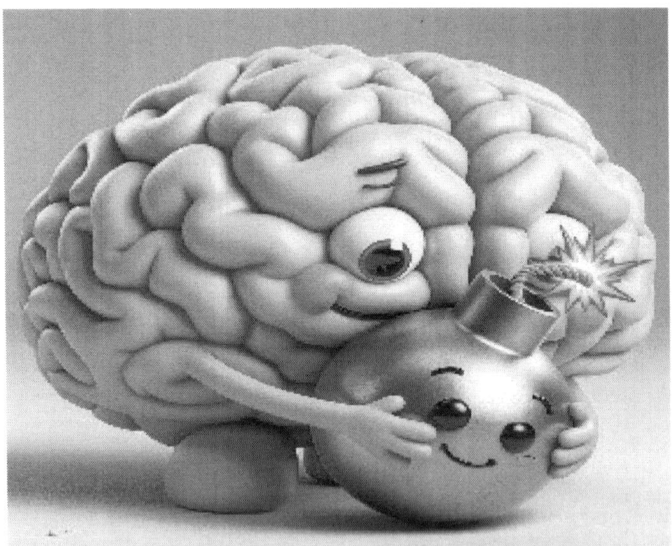

Fig. A mente é nossa inimiga: a mente adora problemas. E essa invasora vem morar na nossa cabeça sem pagar aluguel!

23

Por que é tão difícil mudar? Os escudos da mente

"Pensamento é a nossa bússola para entender o mundo."
— Isaac Efraim

Se mente, pensamento e ego são ilusões, por que sofremos tanto com eles? Por que a realidade nos frustra e resistimos às mudanças? A resposta está nos padrões mentais: mapas que nos guiam, mas que podem nos prender em ciclos, becos sem saída ou até nos arrastar para o fundo do poço.

Este capítulo explora como esses padrões se formam e por que é tão desafiador viver sob sua influência. Diante da realidade, a mente ergue seus escudos.

Como Nossos Mapas São Desenhados

Desde a infância, absorvemos hábitos e ideias de quem nos cerca. Mídia, celebridades e sociedade também influenciam, definindo o "normal" ou "ideal". Cedo aprendemos a nos comportar de determinadas maneiras para agradar nossos pais e evitar punições. Mensagens como "seja bonzinho", "tire boas notas", "não chore" vão sendo internalizadas, moldando nossos padrões de comportamento e a forma como nos vemos.

Crianças educadas para serem bem-comportadas e obedientes muitas vezes sentem a pressão de alcançar a perfeição. Essas expectativas se tornam parte de sua estrutura mental, levando-as a acreditar que atingir essas metas é essencial para serem aceitas. Na vida adulta, esses padrões continuam a influenciar decisões e comportamentos.

No mapa de Leo, por exemplo, o caminho para a aceitação se ligava à perfeição. Castigado por notas baixas, desenvolveu ansiedade e medo de falhar, que afetam suas escolhas e relacionamentos. Para evitar críticas e rejeições, ele resiste a mudanças.

Padrões de Comportamento e Mapas Mentais

Padrões de comportamento viram "mapas mentais" que seguimos para buscar alívio e evitar a dor. A mente cria atalhos para poupar energia, e esses atalhos se tornam caminhos fixos.

Imagine um exemplo exagerado: durante um confronto, você beijou um algoz furioso e, para sua surpresa, ele se acalmou. Essa experiência, carregada de emoção, grava em sua mente um mapa: "beijar resolve a situação".

A partir daí, a tendência é se apegar a essa imagem e repetir o padrão — "dar beijos quando estou sendo atacado". A repetição reforça as trilhas neurais (como no estresse pós-traumático), tornando a resposta automática. Criamos um atalho mental: "perigo = beijo".

Quanto mais nos apegamos a essa ideia, maior o impulso de repetir o padrão, mesmo quando ele claramente não se aplica. Claro que, no escritório, beijar o chefe provavelmente não vai resolver seus problemas. Mas a mente, condicionada pelo passado, insiste na solução antiga por falta de atenção ou alternativas no "arquivo mental". Se você estivesse prestando atenção, talvez tivesse percebido que bajular o chefe resolveria melhor a situação!

Para não largar o padrão, a mente argumenta: "Não beijou o suficiente" ou "Precisa melhorar a técnica." Assim, permanecemos presos a comportamentos que já não funcionam, mas que reforçam uma zona de conforto baseada em uma ilusão de segurança.

Esses padrões tendem a ser rígidos e difíceis de mudar. Acomodamo-nos com situações desfavoráveis simplesmente porque são conhecidas, seguindo o aviso da mente: "Está ruim, mas pode piorar". E esse medo da mudança nos custa caro: o sofrimento.

Todos temos dificuldade em soltar padrões antigos, não por teimosia, mas porque nos sentimos perdidos e inseguros sem eles. Ficamos sem referências. Por isso o ser humano evolui tão pouco no nível emocional: ao entrar em contato com a insegurança, a tendência é voltar para o padrão reconhecido.

A Mente e seus Escudos: Desafios e Conflitos ao Mudar Padrões

Quando um padrão é ameaçado, nossa mente se protege com escudos, gerando resistência à mudança. Essas defesas se manifestam de diversas formas:

1. A busca por segurança

A mente adora segurança. Diante do inesperado, ficamos desorientados, como se tivéssemos sem nosso mapa. É comum sentirmos ansiedade e frustração perante o desconhecido.

Exemplo: você prepara um jantar romântico perfeito, sua expectativa era de sorrisos e palavras de carinho, como sempre foi. Mas, na hora H, seu amor chega cansado, de mau-humor e sem disposição. E ainda diz: "Ah, hoje não!", com uma cara azeda. O que você idealizava? Acolhimento. O que recebeu? Um belo "não".

Se você for apegado, não aceitará essa nova realidade e continuará preso às sensações que imaginava. Quando isso acontece, a frustração toma conta. A quebra da expectativa nos faz sentir inseguros e vulneráveis, desencadeando reações emocionais intensas. Podemos nos sentir rejeitados, magoados, ofendidos ou irritados — e até acabar brigando. Todos esses são padrões de negatividade.

2. Imposição de nossos padrões aos outros (Manifestação pura de poder)

Quando algo foge do nosso mapa mental, tentamos forçar a realidade a se encaixar nele. Queremos que as coisas sejam do jeito que queremos, porque já sabemos como lidar com elas. Isso significa que julgamos inadequado qualquer comportamento que consideramos fora de nossa lógica e desejos.

Você pode achar que seu amor está errado em lhe dar mais um "belo não". Ao dizer "está errado", está tentando impor seus padrões de pensamento sobre a realidade, forçando o encaixe. Isso machuca, causa tensão e faz mal.

A maioria de nós tem dificuldade em enxergar e aceitar os padrões das outras pessoas, porque somos apegados aos nossos. Queremos que o mundo se adapte a nós, mesmo que não percebamos. Porém, isso não funciona nem faz sentido! Somos nós que precisamos nos adaptar ao mundo, ou seja: aprender como as coisas funcionam e nos ajustarmos a elas, absorvendo a realidade.

A evolução humana depende da adaptação, não do controle. Quanto mais rígidos somos, mais sofremos. É através da aprendizagem e da capacidade de reorganizar padrões que desenvolvemos nossa memória, habilidades cognitivas e transformamos nossa realidade.

3. Insegurança e medo

Mudanças nos deixam inseguros, enquanto a rotina nos traz uma sensação de segurança. A sensação de segurança, por ser agradável, é interpretada como prazer e por isso desejada; a de insegurança é vista como desagradável, comparada a um sofrimento.

Mesmo em situações dolorosas, como um relacionamento abusivo, podemos hesitar em sair. A familiaridade do ambiente, ainda que tóxica, oferece uma falsa sensação de controle. Sair desse lugar conhecido significa encarar o medo, o susto e os desafios que a mudança traz.

Não é que a mente seja contra ou se recuse a encarar novidades. Mas mudanças exigem a criação de algo novo — uma estrutura mental diferente. Muitas vezes, ela simplesmente não está pronta ou disposta a reorganizar suas percepções. Assim, é mais fácil dizer: "A realidade deveria ser diferente, não aceito", do que ajustar a própria percepção e expectativas frente a novas realidades. O mapa antigo se torna mais fácil de seguir.

Ignoramos ou evitamos mudanças dessa forma porque é mais confortável do que lidar com a insegurança que elas trazem.

"O que causa insegurança é o movimento. Segurança quem gera é coisa parada." — Isaac Efraim

4. Negação e Inconformismo

A negação e o inconformismo, aliados ao medo da incerteza, também nos impedem de aceitar novas perspectivas. A negação é um mecanismo de defesa inconsciente para nos proteger do desconforto. Se algo ameaça nossas crenças, a mente distorce, rejeita, ou nos impede de enxergar a realidade para manter a zona de conforto — mesmo diante de evidências contrárias.

Essa resistência gera inconformismo. "Não pode ser!", pensamos quando a realidade contraria nossas expectativas. Sentimos frustração, raiva, e um forte senso de injustiça. A dificuldade em aceitar o que não se encaixa em nossos esquemas mentais nos aprisiona em padrões rígidos.

Por exemplo, se você acredita que o sucesso vem do trabalho duro e honestidade, ver um colega de trabalho que mente e puxa o tapete dos outros sendo promovido causa incômodo: "Não é possível!", você pensa ao sentir o choque entre sua crença e a realidade. Isso é negação e inconformismo.

Nossas convicções políticas também são um terreno fértil para esses mecanismos. Pense em um político que você admira. Quando confrontado com fatos negativos sobre ele, qual a sua reação? A tendência é negar. Não conseguimos assimilar que o político possa ser agressivo, incompetente e corrupto, porque isso contradiz nossas convicções que justificariam nosso apoio inicial. Em vez disso, justificamos suas ações, protegendo a imagem que construímos dele: "Ele é injustiçado pela imprensa", "não deixam ele trabalhar", "ele é o melhor".

Quando a realidade contraria a zona de conforto que construímos em torno de nossas crenças, surge esse conflito interno. Para se proteger da quebra de padrões, a mente resiste à mudança, bloqueia o aprendizado e nos impede de atualizar os mapas mentais.

Você se identifica? Em que áreas da sua vida você resiste à mudança?

📖 Dica: Apesar de rígidos, nossos padrões também são dinâmicos e capazes de evoluir com novas percepções e aprendizados. Nos próximos capítulos, exploraremos ferramentas para observar nossos padrões com mais clareza, e construir novos mapas mentais mais flexíveis e adaptados à realidade.

Exercício

Entendendo seus padrões: Hoje, observe com atenção seus padrões mentais recorrentes. Você provavelmente perceberá alguns padrões que se repetem, mesmo com diferentes disfarces. Todos têm a mesma essência: controle, domínio, fuga da insegurança. Quais são os seus?

Conceito	Característica	Consequência
Padrão Mental	Informações passadas organizadas pela mente	Referência fixa para entender a vida
Nova Informação	Desagradável, gera incerteza	Insegurança, medo, resistência à mudança
Quebra de padrão	Desestabiliza a estrutura mental	Negação, inconformismo, retorno ao padrão anterior (teimosia, rigidez, apego à ideia)

O Que Vem a Seguir: Agora que já entendemos como a mente cria barreiras para evitar mudança, surge uma questão muito importante: como romper esses bloqueios e se conectar com a realidade? Nos próximos capítulos, vamos explorar ferramentas para essa transformação.

24

Saindo da Mente: Conectando-se à Realidade

Desconstruindo Nossas Pirâmides Idealizadas

Já teve um sonho que parecia perfeito na sua cabeça, mas que desmoronou na realidade? Leo sonhava abrir um café sofisticado: menu refinado, música ambiente, *selfies* com celebridades. Tinha certeza do sucesso e ficava muito preso aos seus planos para que nada desse errado. Quando realizou o sonho... puft! A realidade foi outra: problemas com fornecedores, funcionários e clientes. Ansioso e muito frustrado, Leo descobriu a diferença entre planejar, fantasiar e lidar com o mundo real.

Quem nunca pensou: "Quando eu tiver 1 milhão de dólares, serei feliz!"? Sem julgamentos — eu também às vezes caio nessa! A mente adora esses cenários, pois trazem alívio e falsa sensação de controle. Mas a realidade expõe a fragilidade dessas fantasias, gerando ansiedade e medo de falhar.

Neste capítulo, você aprenderá a distinguir quando vive na realidade ou na imaginação. Quanto mais distinguir isso, mais reduzirá a influência dos pensamentos em sua vida.

O Confronto: Realidade vs. Imagem Mental

Você consegue diferenciar as imagens que vêm da realidade daquelas que são apenas pensamentos? Imagine-se em uma praia ensolarada: o som e o aroma do mar, a areia nos pés — uma cena perfeitamente segura, revivida pela mente, como em uma fotografia. Essas são as imagens mentais: estáticas, previsíveis e controláveis. Já as captadas pelos sentidos são dinâmicas, imprevisíveis e geram insegurança, pois a realidade é sempre incerta, instável e passageira. A realidade é puro movimento.

Perceba as imagens ao seu redor. São vivas? Têm profundidade? Enquanto escrevo na cozinha, ouço aviões, sinto o aroma do café — sensações vivas captadas pelos meus sentidos, e menos controláveis.

Algo inesperado pode acontecer: alguém chutar a porta. Imediatamente, surgem perguntas, julgamentos: "O que houve? Esta pessoa enlouqueceu?". Isso mostra como a mente tenta dar sentido às surpresas da vida real. Esse movimento contínuo e imprevisível define a realidade: sempre em mudança, sempre trazendo novidades, como as ondas do mar, que vão e vêm.

Pensar não é o mesmo que Perceber

Muitas pessoas confundem viver no pensamento com viver na realidade. Um amigo me disse que encontra soluções enquanto dirige no automático. Entendo essa confusão, pois os mundos real e mental podem se sobrepor.

Leo, por exemplo, passa horas refletindo sobre seus problemas. Quando surge uma solução, ele acredita que foi fruto de sua dedicação ao pensamento. Mas será? Como saber se estamos resolvendo algo ou apenas alimentando um hábito mental?

Se você não consegue distinguir entre esses estados, provavelmente passa a maior parte do tempo no mundo do pensamento. A realidade é a pura constatação do que acontece. O raciocínio ajuda a planejar. O pensamento nos prende em questões intermináveis, como: "Por que ele me respondeu assim? Tinha que ser diferente."

Uma dica valiosa: quando não souber o que fazer, apenas observe. Fique atento até que a clareza se manifeste, como uma luz. Isso é estar presente.

Essa confusão entre pensamento e realidade também acontece quando planejamos nossas vidas. Acreditamos que ter um plano detalhado nos dá controle, mas a busca por um roteiro perfeito nos prende no ciclo de planejar e não agir. Planos de organização podem ser difíceis de seguir e nos fazem sentir diminuídos porque qualquer desvio parece um erro.

É importante entender que um plano é uma apresentação do pensamento. Assim, toda teoria alimenta o ego. Teorias que prometem "sete passos para isso" ou "10 regras para aquilo" vendem justamente a ilusão de controle sobre o incontrolável.

⚠ Atenção! Não há metas, planos ou métodos infalíveis para mudar de hábito, resolver a vida e garantir sucesso e realização. Ao nos agarrarmos a essas promessas, criamos uma expectativa rígida. Seguimos o plano à risca, as coisas não acontecem, e o resultado é frustração. A culpa cai sobre nós: "Onde errei? Será que o problema sou eu?". O que seria para libertar, aprisiona ainda mais — no método e no sentimento de fracasso.

Por isso, a saída é abandonar a cobrança excessiva e a autocrítica. Focar na intenção por trás do plano e avançar, enfrentando a realidade com flexibilidade. Para isso, precisamos sentir. E sentir nem sempre é confortável.

Como Entrar em Contato com a Realidade?

Conectar-se com a realidade é entrar em contato com nossos sentimentos. A realidade está sempre ali, esperando para ser vivida — e nossos sentimentos são o portal para essa conexão.

A principal sensação do contato com a realidade é a excitação e o desconforto. Cada experiência provoca uma resposta física e emocional — é assim que a realidade "entra" em nós. Por exemplo, ao tocar o cubo de gelo, o frio que quase queima nos traz de volta ao presente — um lembrete de que, para sentir a vida, precisamos suportar o desconforto.

Pequenas mudanças causam uma cascata de excitações. Aqui em casa, se mudo algo simples, minha esposa reage: "Como assim? Não é assim!". Isso reflete a excitação e desconforto que a mudança provoca.

Uma vez, ela falava e meus pensamentos me deixavam longe. Ela percebeu: "Não ouviu nada, né?". Surpreso, confessei: "Não, nada." Foi nesse instante que me conectei à realidade — e, claro, à bronca que veio: "Você não liga pra mim!", disse, sentindo-se rejeitada. Só pude concordar: "É verdade, meu amor." Vivi intensamente o desconforto — e isso me trouxe de volta ao presente. Tomei uma dose de realidade.

Ao encararmos a realidade, sentimentos como rejeição, ciúme e insegurança irrompem, gerando reações emocionais intensas. Imagine estar prestes a falar com sua chefe e sentir uma onda de ansiedade. Reconhecer essa ansiedade é reconhecer a realidade — algo desconfortável e incerto. Se você tenta reprimir ou fugir desse sentimento, dizendo para si que não deveria sentir ansiedade ou que precisa se acalmar, pronto! Cria-se uma barreira para evitar enfrentar o sentimento e fugir da realidade. E a ansiedade piora.

⚠ Mas atenção: há algo fantástico que poucos sabem — assim como tudo na vida, os sentimentos também são passageiros.

Os Sentimentos Passam

Aqui está uma regra valiosa: quando entramos em contato com um sentimento ruim, o primeiro passo é não tentar nos livrar dele rapidamente, pois isso só gera desgaste e ansiedade — e faz você fugir da realidade.

A ansiedade nada mais é do que o desejo de eliminar rapidamente o que incomoda. Se tivermos a capacidade e a coragem de vivenciar esses sentimentos, mantendo o foco na realidade, algo incrível acontece — o sentimento se dissipa, assim como a onda que quebra e perde sua força.

O que nos aprisiona à nossa mente é o desejo de nos livrarmos do sentimento. Espere um pouco. Esforce-se para aguentar um pouco mais. Assim, ele passa mais rápido.

Impermanência: Uma Nova Visão da Realidade

Sempre me orgulhei de entender as pessoas. Que sensação maravilhosa! Como um gênio, fazia descobertas incríveis, baseadas em décadas de psiquiatria! Até perceber que o budismo já falava disso há mais de 2.500 anos: a mente humana tem imensa dificuldade de aceitar a impermanência.

A impermanência é uma das poucas certezas da vida. Tudo é transitório: o crescimento de uma planta, as estações, nossos prazeres, poderes e conquistas. Tudo, cedo ou tarde, passará.

Mas a mente, sempre faminta pelo prazer, enlouquece. Ela luta contra o inevitável, protestando: "Mas isso era meu! Eu conquistei! Não pode acabar. Não aceito!"

Ao primeiro sinal de desconforto, a mente quer destruí-lo, reagindo como uma bazuca que dispara imagens de conforto ou soluções precipitadas. Em vez de enfrentá-lo, ela busca refúgio no pensamento, iniciando o ciclo vicioso do mundo mental.

Pense em uma pessoa carente que precisa de atenção, mas tem um parceiro apaixonado por futebol. Durante um jogo, ele se desconecta. A atenção desejada desaparece temporariamente. A pessoa carente percebe a impermanência dos sentimentos de seu parceiro e não aceita. Sente insegurança e rejeição, e expressa seu descontentamento: "Você não me ama de verdade".

O que essa pessoa está fazendo? Ela está negando a realidade, vivendo no mundo dos pensamentos, onde pode "controlar" as emoções e reações ao seu redor, em vez de aceitar a impermanência da vida.

Esse conflito com a impermanência é ainda mais intenso em relacionamentos, especialmente quando ciúme e insegurança entram em cena.

Pergunta: O que você teme perder? E se você perdesse?

Na realidade, mais cedo ou mais tarde, você perderá. E precisará, de alguma forma, se adaptar a essa nova situação de vida. Resistir é a prisão no mundo mental.

Entendendo a impermanência, encontramos a chave para a felicidade.

A "Fórmula da Felicidade"

A felicidade não vem da ausência de sofrimento, mas da capacidade de atravessá-lo sem perder a conexão com a realidade. A fórmula da felicidade é simples: tentar suportar o sofrimento. Isso significa lidar com o desconforto de saber que as coisas — e pessoas — não nos pertencem, que não temos controle sobre elas e que podemos perdê-las a qualquer momento.

Algumas filosofias afirmam que o sofrimento nos ensina a crescer. Mas não aprendemos que sofrimento e prazer são sentimentos passageiros. Passamos por eles para organizar a mente, pois aprendemos novas formas de enfrentar a vida.

Se você está passando por dificuldades, lembre-se de que contratempos e frustrações são parte da vida. A frustração apenas indica que suas expectativas estavam desalinhadas com a realidade — um lembrete de que faltou clareza.

Como suportar o sofrimento: permita, no plano mental, que o ruim que a mente ameaça aconteça, sem interferir. O quanto você conseguir é o que definirá o quanto você será feliz.

Quanto mais nos apegamos a pensamentos, menos aceitamos a impermanência da realidade.

Saindo do Mundo Mental Para Ter Prazer Real

É no presente que progredimos em nossa vida. Quando estamos em contato direto com a realidade — interagindo, agindo e criando — experimentamos um verdadeiro prazer. Sentimo-nos produtivos e vemos nossas ações contribuindo para o crescimento e a conquista de espaço. Nossas energias física e psíquica começam a se ampliar.

Por exemplo, se você tem vontade de aprender algo, e se empenha nisso, você está construindo algo concreto e positivo. Veja Bia: ela amava cantar, então decidiu entrar em um grupo de música. Com isso, aprendeu a cantar, fez amigos e ganhou confiança, melhorando o bem-estar e sua habilidade nas cantorias!

Você também pode melhorar qualquer habilidade que tentar. O verdadeiro exercício de poder está em agir na realidade, e não na representação que está em nossa mente. Ao sonhar, ficamos no plano mental. Focar no presente transforma, como aconteceu com Bia.

Encarar a realidade é como entrar no mar frio: desconfortável no início, mas revigorante depois. É na conexão com o desconforto e a incerteza que a verdadeira transformação acontece.

Reconheça os problemas como parte do caminho. Reconheça que os sentimentos passam. E, principalmente, suporte o sofrimento um pouco mais. Tudo isso pode transformar sonhos em avanços reais, alinhados com a fluidez da vida.

📖 Dica: Enfrente as imagens mentais. O progresso real começa quando você sai da mente e se conecta com a realidade. A transformação não acontece na imaginação, mas na ação.

Exercícios - Praticando a Conexão com a Realidade

Sentindo o Presente: Na próxima vez que sentir ansiedade, pergunte-se: "O que exatamente estou temendo agora?". Perceba se esses pensamentos são baseados na realidade ou no desejo de controle da mente. Lembre-se: Esses pensamentos não são fatos, são apenas imagens mentais. Não se deixe levar pelo desejo de se livrar deles!

Experienciando Sensações Desagradáveis: Na próxima vez que algo frustrante acontecer, ou algo lhe irritar — como uma bronca ou uma fechada no trânsito — respire fundo por 10 segundos. Em vez de reagir, use esses segundos para sentir o desconforto no corpo: tensão no peito? Aperto na mandíbula? Apenas observe, sem lutar. Deixe passar.

O Que Vem a Seguir: Agora que você começou a sair do mundo mental, chegou a hora de enfrentar um novo desafio: como a mente usa críticas, reclamações e ofensas para manter intactas suas idealizações. E se você pudesse abrir mão desses truques que lhe prendem no jogo dela?

25

Críticas, Reclamações e Ofensas: Supere o Jogo da Mente

Quantas vezes você reclamou ou criticou hoje? E pior: quantas vezes se ofendeu? A mente adora esses joguinhos. Mas e se eu lhe dissesse que abrir mão disso pode melhorar sua vida? Prepare-se: você vai conhecer a Filosofia da Vaca — e nunca mais verá as coisas da mesma forma.

Nesta seção, você vai reconhecer mais padrões da mente que influenciam seu dia a dia e aprender a enfrentá-los. A proposta é simples, mas transformadora: *Abra mão de criticar, abra mão de reclamar, abra mão de se ofender.*

Abrir mão é simplesmente renunciar ao desejo de que a realidade siga nossos padrões mentais. Pode parecer difícil no começo, mas com prática, essas regrinhas desmontam padrões mentais negativos, fortalecem sua autoestima, melhoram seus relacionamentos e, de quebra, permitem você se libertar da sua mente.

Vamos começar a virar esse jogo da mente?

Abra mão de reclamar

Vamos encarar o fato: nossa mente é vorazmente faminta por problemas e insatisfações. Mas você já se perguntou do que ela se alimenta? No cardápio preferido da mente estão as críticas e as reclamações, e é nesse banquete negativo que Leo se serve diariamente. Leo é um reclamão. Fala de todos, tem opinião para tudo, critica o mundo!

Reclamar é uma delícia, dá uma sensação de conforto! Mas, na verdade, prejudica nossa vida, autoestima e saúde. Na reclamação fantasiamos um mundo melhor, que não está ao nosso alcance.

A reclamação é a expressão do sentimento de insatisfação. Ao reclamar, assumimos que o mundo é desagradável, ao mesmo tempo que nos acomodamos nele. É um vício que nos coloca como mártires: "Olha como o mundo me trata mal, e eu, herói, aguento tudo." Esse sofrimento, por mais indesejado que pareça, carrega uma mensagem oculta: "Quanto mais eu sofro, mais mereço que a vida me trate melhor."

Algumas pessoas entram em um ciclo de reclamação difícil de sair. O resultado é que acabam presas em um mundo mental negativo.

⚠ Atenção! Reclamar é aprender a viver em um mundo ruim.

Abra mão de criticar

Leo é bem-sucedido, mas limitado por sua visão de mundo. Ele critica implacavelmente tudo o que não se encaixa em suas crenças e expectativas. O resultado? Vive angustiado, acuado e incapaz de aproveitar a vida de verdade.

A crítica nasce do conflito entre a realidade e o que acreditamos que *deveria ser*. Se meu carro não é lavado exatamente como gosto, critico. Se alguém age diferente do que eu esperava, critico. Isso indica que alguém fez algo "errado", e deveria ter feito diferente para dar "certo".

Abrir mão das reclamações e das críticas é uma escolha sábia — e difícil. Quando você abre mão de criticar, está aceitando que as coisas aconteceram exatamente como tinham que acontecer. Com isso, sua pirâmide de prazer desmorona, surgindo algo valioso: você entra em contato com a realidade.

As críticas fazem mal porque nascem do julgamento, e o julgamento é resultado do pensamento. Ou seja: elas são frutos do nosso mundo mental, não da realidade.

Criticar é se sentir poderoso

Criticar é o sentimento de se colocar acima de tudo. Sabe aqueles comentários feitos só para "corrigir" alguém? Eles colocam o crítico em uma posição de superioridade.

A crítica também é uma busca por poder, pois envolve a tentativa de impor um mundo perfeito. Ao pensar "Se eu tivesse feito isso ou aquilo, tudo seria diferente", criamos um espaço mental idealizado, de acordo com o nosso jeito de ver a vida.

Porém, essa não é a realidade. A realidade não é maravilhosa o tempo todo e, muitas vezes, traz informações inesperadas e até assustadoras. Sempre que nos deparamos com algo novo e desconhecido, sentimos medo — e isso faz parte da nossa condição humana. Assim como a culpa que a mente joga quando as coisas não saem como esperado.

Por que a mente faz isso? Porque ela não quer que você mude.

⚠ Atenção! Quanto mais rígido for seu padrão, mais duro você é nas suas críticas.

O importante na vida é não criticar, mas procurar entender. Tudo o que acontece tem uma razão de ser. Choro por uma tristeza, barriga roncando, crises de ansiedade, depressão, explosões emocionais e mau humor: tudo isso pode ser compreendido.

Quando você critica sua maneira de ser, automaticamente impede seu crescimento. Eu sei que é difícil mudar, mas se você se esforçar para entender, com certeza vai melhorar. A simples compreensão do porquê de seu comportamento já traz uma melhora significativa.

Quer parar de reclamar e criticar?

Para a prática do não julgamento, da não crítica e da não reclamação, é preciso compreender que, se algo aconteceu no plano da realidade, foi porque inúmeros fatores contribuíram para que fosse exatamente como foi. A realidade é absoluta.

Outra coisa muito importante: é essencial lembrar que o passado, mesmo que de meio segundo atrás, não muda. Ele é definitivo; as coisas não poderiam, não podem e nunca poderão ser diferentes do que já foram. Caso contrário, você ficará preso na reclamação.

O sucesso do seu processo de recuperação dependerá da sua profunda compreensão do que está acontecendo. Cada pequeno esforço em abandonar as críticas faz efeito na sua vida e saúde. Tente. Experimente observar mais e julgar menos. Os resultados podem surpreender.

Exercícios

Não-Crítica Diário: Experimente passar um dia inteiro sem criticar nada nem ninguém — e sem se criticar. Quando perceber um pensamento crítico surgindo, reconheça-o com leveza, dizendo: "Ah, lá vem uma crítica!". Essa prática ajuda a perceber o impacto das críticas no seu humor e ensina a lidar com elas de maneira mais construtiva.

Superando a Mente: Lembre-se de um momento em que você conseguiu superar uma reclamação ou crítica. Como você se sentiu? Como isso influenciou as pessoas ao seu redor?

Roda da Reclamação: Sempre que se pegar reclamando, faça uma pausa e observe: "Como estou me sentindo?" Reflita sobre a origem da reclamação e use esse momento para entender como sua mente busca problemas.

Por que Reclamo? Identifique situações, pessoas ou pensamentos que frequentemente desencadeiam suas reclamações. Tente parar, nem que seja por 3 segundos. Considere formas mais positivas de lidar com essas situações, como praticar paciência ou empatia.

📖 Dica: Não importa quantas vezes você se pegue reclamando ou criticando. O importante é voltar à prática, sempre. Cada vez que você escolhe não criticar ou reclamar, dá um passo para enfraquecer o domínio da mente e prosperar. E nunca, jamais, reclame de estar reclamando!

Abra mão de se sentir ofendido: a ofensa paralisa sua vida

Se alguém diz: "Você não faz nada direito!", você se ofende? Uma vez que compreendemos como a mente se alimenta de críticas e reclamações, podemos entender outra "regrinha mágica" e fundamental: *abra mão de ficar ofendido.* Essa simples regra fará a sua vida melhorar muito.

Sentir-se ofendido é um sentimento de exclusão e auto rejeição. Quando alguém se sente ofendido, interpreta que o outro — ou a vida — não está lhe dando o devido valor, mas sim diminuindo, humilhando, sendo injusto e desmerecendo. Ficamos ressentidos com a atitude do outro, presos a atitudes e sentimentos profundamente tóxicos. Além disso, a ofensa gera impulsos de vingança, um movimento com energia destrutiva que faz muito mal, tanto para quem é alvo quanto para quem tenta revidar.

⚠ Atenção! Ficar ofendido é fazer o seu movimento parar, interrompendo o progresso e comprometendo sua energia psíquica. É como pisar no freio da própria vida: sua produtividade e crescimento praticamente travam.

O movimento do outro é do outro

A atitude do outro é do outro, não sua. Ela nunca foi feita para machucar, desvalorizar ou desmerecer você. A atitude do outro é um padrão de comportamento, e não algo direcionado a nós.

Movimentos externos não têm nada a ver conosco. Está passando um avião barulhento sobre minha casa agora. Ele não está fazendo esse barulho para me irritar ou atrapalhar meu foco. É simplesmente o movimento do avião. Não adianta eu brigar com isso. Bia, por exemplo, percebeu que o hábito de sua mãe de gritar era um padrão que se repetia com todos, não apenas com ela.

Ninguém é capaz de uma atitude que não esteja dentro de si. No máximo, somos um gatilho da atitude do outro. Se a pessoa não tiver esse sentimento interno, podemos disparar esse gatilho muitas vezes, e nada vai acontecer.

Por exemplo, uma pessoa calma não ficará irritada se eu acidentalmente fechar seu carro no trânsito, porque ela sabe que essas coisas acontecem. Já uma pessoa que tem o sentimento agressivo vai explodir e me xingar, porque ela é assim — afinal de contas, ela também vive em um mundo mental que a atrapalha.

Essa compreensão nos leva a uma grande filosofia da vida, que pode parecer dura, mas é libertadora.

A Filosofia da Vaca

Muitas vezes nos sentimos injustiçados, como se o mundo tivesse algo contra nós. A verdade, porém, é que o mundo não está conspirando contra ninguém. Ele simplesmente segue seu fluxo. Como as vacas, que pastam tranquilamente, sem se importar com o que acontece ao redor.

E essa é a grande verdade da vida, que as vacas fazem muito bem: o mundo está "cagando e andando para nós". O mundo não se importa conosco. Não porque nos despreze, mas simplesmente porque não nos enxerga. Ao entender isso, nos libertamos da necessidade de interpretar tudo como um ataque pessoal.

Precisamos compreender que o movimento do outro é o movimento do outro, não é nem contra nem a favor de nós, nem são consequências de nossos próprios erros ou atos. Todos nós temos dificuldades em compreender isso.

Mas isso *não importa*.

O que realmente importa é que ficar ofendido é um movimento altamente paralisante e negativo, que prejudica a nossa posição diante da vida. Quando você se sente ofendido, é porque o outro não correspondeu à sua expectativa ou agiu de forma que você julgou inaceitável — algo que você acredita não merecer.

A regra de abrir mão de ficar ofendido é crucial para lidar com os sentimentos destrutivos que surgem nas discussões acaloradas e nos conflitos do dia a dia.

Deixe os outros pensarem o que quiserem de você

"O fulano me falou que você não presta!"

Frases assim são mais do que fofocas, elas mexem com nosso brio. Pois aqui vai outra regrinha fundamental, que pode mudar sua vida: o segredo da felicidade é dar o direito aos outros de pensarem o que quiserem de você.

Pode parecer difícil, mas essa mudança de perspectiva faz milagres. Eu mesmo aprendi isso quando me preocupava demais com minha imagem em programas de rádio e TV. Foi libertador perceber que o que os outros pensam sobre mim não tem a ver comigo.

Como costumo dizer, a vida não é justa, as pessoas vão falar mesmo — nós falamos de tudo, não falamos? E ficar ofendido é se prender à reclamação: "Olha o que ele fez comigo, isso e aquilo".

E o que acontece quando ficamos ofendidos? Perdemos o foco e jogamos nossa energia destrutiva sobre a pessoa que nos ofendeu. Mas há um problema seríssimo nisso. Essa vibração não vai embora. Ela também fica dentro de nós, acumulando tensão. Ficamos com a bomba na nossa mão. E você já sabe como isso explode: se manifestando na nossa saúde.

Mas ao se libertar da necessidade de agradar ou controlar o que os outros pensam, você cresce. Sua energia pode ser usada para algo muito mais importante: aumentar sua consciência.

Identifique e reconheça: Quantas vezes você já perdeu horas ou até dias remoendo algo que alguém disse, sem perceber que o problema nem era seu... quem estava ganhando o jogo? Dica: não era a pessoa que lhe ofendeu, mas a sua... mente!

Exercícios

Objetivo: Essa prática ajuda a identificar e desconstruir reações automáticas da mente.

Reflexão Sobre Sentimentos de Ofensa: Quando se sentir ofendido, deixe a pessoa criticar você, aceitando que ela tem o direito de te criticar. Não precisa rebater, nem brigar. Deixe a pessoa pensar o que quiser de você. Vai doer um pouco, mas passa. Aos poucos você vai se libertando.

Interação Social Consciente: Escolha um amigo ou parente de confiança e peça que apontem, gentilmente, quando notarem você criticando ou reclamando. Use essas observações como oportunidades de autorreflexão. No fim do dia, agradeça pela ajuda e reflita sobre o que aprendeu.

O Que Vem a Seguir? Você gosta de si mesmo? Você vai descobrir como o aprendizado desse capítulo vai ajudar você a melhorar sua autoestima.

26

Eu sou Assim!
Melhorando a Autoestima

Você se ama ou tem dificuldade em aceitar quem é? Quem nunca quis uma autoestima imbatível, à prova de críticas e daquele espelho cruel do banheiro? Chegou a hora de fortalecer sua autoestima. E sabe qual é o segredo? Nada de frases motivacionais! A chave está justamente no que você mais evita: assumir aquele "defeitinho" que você não gosta ou que todos criticam.

A Autoestima: o Amor-Próprio

Autoestima é *gostar de si mesmo*. Quando você entende suas qualidades e capacidades e acredita que elas são suficientes para viver melhor, sua autoestima se fortalece.

A autoestima influencia diretamente nossas ações e comportamentos ao lidarmos com os desafios. Ela resulta da compreensão das nossas dificuldades. Ao reconhecê-las, estamos muito mais preparados para melhorar.

A autocrítica é uma das principais causas da baixa autoestima. Frases como "Eu não faço nada direito", "Não sou inteligente", ou "Não tenho valor" são histórias que a mente conta para nos derrubar. A busca pela perfeição também mina nossa autoestima de forma silenciosa e constante.

⚠ Atenção! Autoestima e ego são bem diferentes. O ego é a imagem que queremos passar ao mundo, enquanto a autoestima é como nos sentimos sobre nós mesmos. Alguém pode ter um ego inflado e uma autoestima frágil ou elevada. Quanto maior nossa autoestima, menor é a necessidade de reforçar nosso ego — como tentar provar algo para os outros.

O depoimento da Cybele nos ajuda a entender a diferença: "Sou egocêntrica: vivo no meu mundo mental e sou tão introspectiva que acabo me isolando na minha própria caverna! Consigo entender que essa característica vem do meu contato com a realidade, que me gera muita ansiedade. Meu movimento automático é me fechar dentro de mim mesma. Para ser mais extrovertida, preciso me expor e tolerar o desconforto — e tenho feito esse esforço. Minha autoestima já foi péssima, mas, aos trancos e barrancos, está mais saudável, fruto do meu empenho em me entender e me aceitar. Com essa consciência, consigo lidar melhor com as situações e alcançar melhores resultados. Sinto-me muito mais satisfeita comigo mesma. Até meu ego já deu uma 'baixadinha' de bola!"

É possível "escolher se amar"?

A transformação ocorre momento a momento. Ela não acontece com uma decisão, como dizer "agora vou me amar" ou "não vou mais me criticar". Nosso comportamento é influenciado por muitos fatores — genética, química cerebral e experiências. A vontade sozinha tem pouca influência e só funciona quando não está contaminada por essas forças.

Por isso, sentir culpa por ser quem você é, é irreal e injusto. Criticar-se por falhas ou dificuldades só piora a situação.

A autocrítica gera mais culpa, que nos deixa ainda mais para baixo. O que faz diferença é compreender os mecanismos do seu comportamento. Sempre há um motivo para agir como você age. Ao entender isso, começa a desmontar padrões tóxicos que causam sofrimento.

A cada instante que você abre mão de ser perfeito, de se cobrar, ou de se julgar, dá um passo para fortalecer seu amor-próprio. Quando você reconhece e aceita suas características, mesmo aquelas que não gosta, enfraquece o padrão autocrítico e constrói uma nova estrutura mental.

📖 Dica: Lembra que a perfeição não existe? A "imperfeição" também não!

Eu Sou Assim: Tolerando o Incômodo para se Conectar com a Realidade

Você já sabe que entrar em contato com a realidade é desagradável, gerando impulso de se livrar do desconforto. Ao receber uma crítica, por exemplo, é comum reagir com desculpas ou raiva, tentando nos livrar do incômodo que a crítica traz.

Nesse momento, a chave é perceber: "Estou tentando fugir." Faça seu melhor esforço para suportar o sentimento, sem exigir perfeição. Sinta a raiva. Aguente um pouco.

Aqui vai um convite: Escolha uma característica que não gosta — aquela que você conhece bem. Agora, encare-a de frente e diga: "Vamos descobrir como eu realmente sou".

Todos temos lados chatos, insistentes, preguiçosos, ciumentos, arrogantes — você escolhe o adjetivo. Respire fundo e diga: "*Ah, está bem. É assim* que eu sou".

Tentar ser quem não somos é exaustivo. Uma paciente sofria por não ser tão prestativa e acolhedora quanto gostaria, por ter uma natureza mais individualista. Desejava ser "aquela pessoa que organiza jantares ou faz um bolinho", ou simplesmente ser mais "fofa". Mas não conseguia, e se sentia frustrada e culpada.

Quando eu disse: "mas você não é assim. Aceite suas características", ela teve um choque. Depois de um tempo, concordou: "Verdade. Eu sou assim". E, naquele instante, o peso da autocrítica diminuiu.

Tudo o que falam de nós tem um fundo de verdade

Proponho a você outro exercício desafiador, mas transformador, que ensino a meus pacientes: tudo o que falam a nosso respeito tem um fundo de verdade.

Quando alguém fizer um comentário, como "Nossa, como você é bravo" ou "Como você é chato", você vai dar o direito a ela falar o que quiser — como você já aprendeu —, mas vai também dizer: "Se a pessoa está percebendo isso, é porque alguma coisa sentiu. Vou observar e aprender com isso".

Esse exercício é difícil, porque mexe com o orgulho — nosso ego — mas nos aproxima da realidade. Quando você realmente compreende, sem culpa, por que a pessoa o chamou de chato, bravo, agressivo — ou qualquer outra coisa — você assume.

Por exemplo, levou anos para eu aceitar por que era visto como agressivo. Quando finalmente assumi que eu sou uma pessoa agressiva, sabe o que aconteceu? A agressividade diminuiu!

Como chegar a esse ponto de compreensão?

Leo sempre sentiu uma carência profunda, querendo que o mundo girasse em torno dele. "Por que sou tão carente? É chato ser assim", reclamava. Na terapia, observou sua mente e teve uma percepção genuína: a carência se desenvolveu por não saber lidar com a ideia de ficar sem. Sua mente dizia: "Se alguém me ama, então deve se dedicar inteiramente a mim."

Ele perguntou como superar, e eu disse: "É fácil! Aprenda a ficar sem." Se você conseguir, a carência desaparece, você para de incomodar e sua vida progride! Ele concordou: "Vou me esforçar para mudar, porque será melhor para mim!".

Assim como o Leo, você também pode transformar sua relação consigo mesmo.

Se Aceita Que Dói Menos!

Um dos segredos da terapia que pratico é capacitar as pessoas a perceberem suas mentes. Esses três passos vão ajudar você a fortalecer sua autoestima: observar, não se criticar e se assumir. O quarto, repetir, é para você lembrar que esse processo sempre recomeça.

1. Observe os movimentos da mente

Observe seu jeito. Não tente se corrigir. Se você percebe que sente ciúme, talvez pense: "Sou ciumento! Que horrível!". Mas, em vez de condenar, encare o fato. Reconheça e viva o sentimento. Procure entender: "Por que sou ciumento?" — mas não no sentido de buscar explicações no passado, e sim no sentido de perceber as sensações que surgem e como elas levam você a agir de determinada maneira.

A posse lhe dá a falsa segurança? Alivia seu medo da perda? Reconheça: "Ah, então eu tenho ciúme porque fico com medo de perder meu amorzinho". Sim, é isso. "Aaah, mas eu não devia sentir isso...".

Não! Você sente isto, não é que não deveria. Vamos encarar a realidade, essa é a sua característica, simplesmente a observe.

Ainda surgem perguntas: "Há dicas para quem se descobre ciumento?", "Conselho a quem ainda não reconheceu seu ciúme?", "Como alguém chega a essa conclusão?"

A resposta é direta, sem grandes mistérios: *basta prestar atenção*. O ciumento quer que os outros se mobilizem por ele, pois lhe dá sensação de poder.

Ao fazer isso, percebe a característica, reconhece o desejo de fugir e toma consciência. Nesse instante, você está em contato total com a realidade e começa um processo potentíssimo de energização para resolver suas dificuldades. É aqui que você fortalece e aprimora seu desenvolvimento pessoal.

Esse é o início da segunda etapa.

2. Não Se Critique

Para aumentar a autoestima é importante não se criticar. Se permitir que o lado crítico tome conta ou arrumar justificativas "Não é ciúme, só gosto de cuidar!", não conseguirá ter consciência, nem se libertará do padrão.

Ao pegar se criticando, diga: "Estou me criticando agora". Tente parar por momentos e fale: "Por dois segundos, não vou me julgar". Sinta esse alívio e tente prolongar. Da próxima vez, tente dobrar esse tempo e fique 4 segundos sem se criticar!

3. Assuma-se

O primeiro passo para mudar é aceitar: "Sou ciumento, e ponto." Em vez de brigar com a crítica, concorde: "Ah, eu sou essa porcaria mesmo". O tom brincalhão ajuda a aliviar a tensão. Sem julgamentos, você abre espaço para entendimento e liberdade emocional.

4. Repita e persista

Quando a crítica voltar — e ela vai voltar, pois faz parte do processo —, repita o exercício. A repetição é a chave para enfraquecer os padrões automáticos.

Se tiver dificuldade, continue treinando, pois é uma tarefa difícil. Vai devagarzinho, bem aos poucos, se livrando do domínio da mente. Enquanto não conseguir fazer isso, observe o quanto sua mente continua a dominar e fugir.

Pequenos passos funcionam como uma ginástica cerebral. Assim como levantar pesos fortalece os músculos, cada vez que você pratica, treina seu cérebro a se libertar da autocrítica e criar novos caminhos neurais. É o cultivar na prática. No começo, as mudanças podem parecer sutis, mas, com o tempo, transformam o seu padrão mental. Quanto mais você praticar ao longo do dia, melhores serão os resultados.

Conclusão: Melhorar a autoestima não significa eliminar todos os desafios ou "consertar" quem você é. Trata-se de construir uma forma mais saudável de lidar com as dificuldades, sem se sobrecarregar com culpa ou autocrítica. Ao perceber que está se criticando, lembre-se de aceitar sua "imperfeição". Cada segundo sem autocrítica já é um verdadeiro avanço — e você se conecta melhor com a realidade.

Exercício: Eu sou assim! Escolha três características suas que costumam incomodar você ou que os outros frequentemente comentam. Em vez de negar ou rejeitar, tente entendê-las como parte de quem você é. Esse não é um exercício de resignação, mas um passo para a autoaceitação e o crescimento pessoal.

O Que Vem a Seguir: Agora que você começou a se libertar das críticas, reclamações e ofensas, e a desenvolver sua autoestima, é hora de aprender a realmente estar presente.

27

Estar Presente: A Arte de Prestar Atenção

Parabéns por chegar até aqui! Seu foco no livro já é uma grande vitória. Em meio a tantas distrações — pensamentos competindo pela sua atenção — o presente fica em segundo plano. É hora de dar ao presente o destaque que merece.

Os três mandamentos da *Seita que Dói Menos* são: Prestar Atenção, Aceitar e Entender. Neste capítulo, você aprenderá o primeiro: como estar presente de verdade. Aprender a prestar atenção pode melhorar sua vida.

O Grande Paradigma: Pensar ou Prestar Atenção?

Fig. A realidade não consegue entrar pela porta porque foi barrada pelos pensamentos positivos e negativos.

"Prestar atenção nos conecta às imagens da realidade; o pensamento, às criações da mente." — Isaac Efraim

Prestar atenção é a coisa mais importante na vida. Sem isso, você não consegue progredir, pois não percebe o que está acontecendo. Este é o primeiro grande paradigma: quem pensa não presta atenção. E quem presta atenção, não pensa.

Prestar atenção envolve toda a nossa percepção, alternando entre consciência e imagens mentais. O sistema reticular ascendente do cérebro direciona nossa atenção como uma bifurcação de rios: ela pode seguir caminhos diferentes, mas não pode fluir para dois ao mesmo tempo. Assim, a percepção funciona como uma porta: quando pensamentos — positivos ou negativos — ocupam esse espaço, as imagens reais não entram.

Por exemplo, se você começar a pensar em qualquer coisa, perderá o foco na leitura. Começa assim: "Que livro legal, vou pegar um vinhozinho para acompanhar!". Em seguida, sua mente emenda: "Vou recomendar o livro para a Neusa. Será que ela está bem?". Pronto, sua mente já desviou. Você foi capturado por imagens mentais, não pela realidade da leitura. Acontece em microssegundos, mas desvia sua atenção por um bom tempo.

Entramos, então, no mundo do pensamento, onde imagens começam a se proliferar: "Ah, se eu tivesse estudado mais"; "Ah, se eu tivesse conquistado aquele presentinho de Deus". Esses pensamentos continuam por horas, acompanhados por uma sensação de prazer e conforto. Enquanto isso, continuamos vivendo na realidade, mas sem percebê-la com clareza. Estamos desconectados.

O Choque com a Realidade

Viver nos pensamentos é como caminhar distraidamente pela rua mexendo no celular. Você não percebe o que está ao seu redor, correndo riscos de tropeçar ou até ser atropelado. Sem conexão com a realidade, adotamos um comportamento quase suicida. Falhamos em nos preparar para os desafios, sob a falsa impressão de que tudo está bem. Corremos riscos sem sequer perceber.

Imagine alguém que se acha no controle do relacionamento e, de repente, leva um "pé na bunda". "O que deu errado?", pergunta-se. Imerso em pensamentos, não percebeu os sinais na realidade. Esse é o choque entre o que pensamos e o que realmente acontece.

Considerando que passamos grande parte do tempo em pensamentos, quem se compromete a prestar atenção já dá um passo importante para evitar esse choque.

Primeiro Mandamento: Preste Atenção

Se você quer melhorar — ou ajudar alguém a melhorar —, só precisa *prestar atenção*. Sem teorias complicadas, sem blá-blá-blá. Observe mais, perceba mais, esteja presente. Mesmo que este seja o único ensinamento que você leve deste livro, ao praticá-lo, já estará fazendo progressos significativos.

Muitos acreditam que devemos nos manter ocupados o tempo todo para evitar pensar demais. Mas não é necessário. Prestar atenção no "prédio da esquina" ou na textura de um objeto, já ajuda. O simples ato de direcionar a mente para algo externo tem um impacto positivo no estado emocional: distraída, ela desacelera.

Prestar atenção não significa um esforço rígido e cansativo, como fixar os olhos sem desviar por um instante. Existem dois tipos de atenção:

Atenção Ativa: É aquela de alerta máximo, intensa e focada, como arregalar os olhos para absorver algo importante. É esbaforida, forçada, ansiosa e insustentável. Não aguentamos mais do que dois minutos assim, pois gasta muita energia.

Atenção Contemplativa: É suave e sustentável. É um estado de permissão, onde deixamos de lado desejos e interesses imediatos, abandonando a necessidade de controlar o desenrolar das coisas. Observamos os eventos conforme acontecem, sem interferir ou torcer por um resultado específico.

Proponho a arte de estar presente — um segredo dos monges e sábios para alcançar um estado elevado de consciência. Faremos isso através do "prestar atenção contemplativo": totalmente presente e consciente do momento, sem pressa, sem tentar prever ou mudar nada.

🕮 Dica: Sua vida melhora tanto quanto mais forte e consistente for sua presença. E o mais incrível? Não há limites; sempre é possível estar um pouco mais presente.

Como Prestar Atenção

Estar presente é mais simples do que parece. Basta narrar e abrir mão do julgamento. Vale para autopercepção e percepção dos outros.

Passo 1 - Narrar: Descreva o que está acontecendo. Isso significa observar-se e reconhecer seus estados internos: "Ah, estou triste agora", "Isso me incomodou", "Não gostei disso".

Comece assim: "Estou me sentindo assim", "Aquilo está acontecendo". Descreva sem julgamentos. Por exemplo: "Fulano está bravo" – isso é narração. "Mas ele não tem motivos" — isso já é julgamento. A mente adicionou uma história, uma interpretação ao fato.

Passo 2 - Abrir mão do julgamento: é difícil, eu sei, mas é necessário. Perceber quando você está julgando já é um ato de presença. Simplesmente reconheça e deixe ir, compreendendo: "Ele está bravo, e é só isso que consigo entender por agora".

Exemplo: Bia e a Autoestima

Lutando contra ansiedade e baixa autoestima, Bia aprendeu a observar suas reações. Quando a ansiedade vinha, narrava como se sentia: "Eu fiquei insegura com o comentário sobre meu trabalho, meu coração disparou"; "Estou ansiosa agora", "Minha chefe é assim mesmo, também fez comentários para fulana". Essa nova consciência ajudou a reduzir sentimentos negativos.

Narrar a percepção dos acontecimentos e abandonar julgamentos requer tempo e paciência. É natural perder o foco, deixar informações escaparem ou esquecer-se de estar presente — faz parte do aprendizado. O interessante é que, ao reconhecer que você não está presente, você já está, em certo grau, praticando a presença. Compreender e aceitar os sentimentos e comportamentos, sem crítica, é fundamental para estar verdadeiramente presente.

Exemplos Práticos: a Atenção Contemplativa em Ação

Praticando a *atenção contemplativa*, começamos a perceber padrões sutis da realidade.

Por exemplo, você nota que alguém próximo sempre sente fome por volta das 21 horas. Agora que percebeu esse padrão, pode criar um momento especial — preparar um lanche ou simplesmente perguntar se a pessoa quer comer algo. Prestar atenção nos conecta melhor com o mundo e com os outros, este é um exemplo de como a vida pode melhorar.

Assim como percebemos padrões nos outros, podemos observar os nossos. Leo não resistia a checar redes sociais, prejudicando a concentração. Ao focar no presente, notou que a ansiedade o levava ao celular. Com o tempo, passou a observar o impulso antes de ceder, redirecionando sua atenção e melhorando seu foco.

Prestar atenção é uma habilidade que pode ser aprendida e cultivada. Comece devagar, treine regularmente, até se tornar um hábito. E esse ciclo virtuoso não tem fim.

🕮 Dica: estar presente na dificuldade é tão valioso quanto nos momentos bons.

Não Force o Foco: o Truque da Segunda Instância

Tentar forçar o foco não ajuda. É possível que você enfrente dificuldades em manter o foco, mas lutar para impor só vai desgastar você. Pode ser que diga: "Dr. Isaac do céu! Desde que você falou que quem pensa não presta atenção, percebi que minha cabeça não para! Penso o tempo todo, estou exausto, sentindo a derrota!"

Calma! Vou ensinar um truque bacana: Se você não consegue parar de pensar, preste atenção ao fato de que não consegue parar de pensar. Ao fazer isso, está pensando ou prestando atenção? Está prestando atenção! Está interrompendo o fluxo de pensamentos.

"Mas isso não é julgar, doutor?" Parecido com: "Ah, esse pensamento é ruim", ou "Ah, esse pensamento me traz prazer?". Não. É uma constatação. O julgamento envolve a noção de certo ou errado e dever. Por exemplo, "eu não deveria estar pensando nisso. Eu deveria ter feito aquilo" ou "Por que sou assim?". Isso sim, é um julgamento.

Constatar que um pensamento lhe traz prazer, engana ou prega peças é simplesmente uma observação. Não se trata de proibir julgamentos, pois nada é proibido. Se tentar bloquear, ele voltará com mais força. Mas ao observá-lo, ele perde força e a mente se acalma.

Exemplo: Suponha que você está tendo um desentendimento com alguém próximo Durante a discussão, pensamentos negativos e ressentimentos surgem, como "Ele nunca me entende", "Sempre sou eu quem cede nos conflitos", "Talvez não se importe tanto comigo".

Nesse momento, você aplica o truque da segunda instância. Ao invés de lutar contra esses pensamentos ou tentar bloqueá-los, você os observa com curiosidade e não se julga por tê-los. Reconhece que são apenas pensamentos, e não fatos.

A magia do truque: Ao praticarmos, já estamos prestando atenção, abrindo as portas da consciência. Permitimos que a imagem da realidade entre e diminuímos o domínio do pensamento, que perde força e espaço, oferecendo uma percepção mais precisa do momento.

Concluindo: reforço que livrar-nos do pensamento não é uma decisão que tomamos. Isso não existe. Não podemos simplesmente dizer: "Agora não vou mais pensar", ou "Não vou mais ser isso ou aquilo". Isso é bobagem.

O pensamento é persistente e ardiloso. Está sempre ali, perturbando e aborrecendo. Portanto, livrar-se do pensamento é um treinamento que você fará. É preciso se acostumar. Com muito treino, você vai aos poucos prosperando.

Forte na vida é quem aguenta o constrangimento, enfrenta o medo e tolera o incômodo, permitindo que esses sentimentos simplesmente passem. Quem deseja mudar, age. Estar presente, consciente do momento e das sensações que o acompanham, é viver a vida real. E esta é a verdadeira liberdade.

"Nossas sensações são portais para compreender a realidade, enquanto os julgamentos nos afastam dela." — Isaac Efraim

Exercícios

Ouvindo Música Como Nunca Antes: Pegue uma música que você gosta e ouça de um jeito diferente. Foque em cada instrumento, batida, detalhe da melodia. Quando mergulhamos na música, até as emoções afloram, fruto do contato com a realidade. Sempre que faço isso com minhas músicas favoritas, tenho uma surpresa: "Como nunca percebi esse detalhe antes?" Coloco fones de ouvido, escolho um instrumento e sigo sua melodia por alguns segundos. É mágico! Você também pode fazer qualquer outro exercício sensorial, como prestar atenção a cheiros e texturas.

O Que Vem a Seguir: Você aprenderá a meditar. Isso ajudará você a reduzir os impactos do estresse e aumentar sua capacidade de prestar atenção para enfrentar os desafios da mente.

28

Aprendendo a Meditar

A meditação é uma prática poderosa que pode transformar o seu dia a dia. Ela é uma ferramenta simples, mas eficaz, para acalmar os pensamentos e fortalecer sua capacidade de estar presente. E o melhor? Você não precisa de acessórios, roupas especiais ou técnicas complicadas. É só você e sua respiração!

Neste capítulo, você vai aprender a meditar de um jeito prático e descomplicado. Vou mostrar como, em apenas 5 minutos por dia, você pode começar a mudar sua relação com seus pensamentos, melhorar sua concentração e até sua saúde física e emocional.

Benefícios da Meditação

Com a prática regular, a forma do seu cérebro pode mudar, e os efeitos são surpreendentes. Veja como isso impacta sua vida:

- Para a mente: reduz a ansiedade, melhora o humor e diminui sentimentos negativos.
- Para o corpo: alivia tensões físicas, dores crônicas e até melhora a qualidade do sono.

• Para sua concentração e presença: traz foco ao momento presente e ajuda a reduzir a distração causada pelos pensamentos.

E tudo isso pode começar com algo tão simples quanto prestar atenção à sua respiração.

O que é meditação?

Muita gente pensa que meditar significa "esvaziar a mente" ou parar de pensar. Mas essa ideia está equivocada! Meditar não é bloquear seus pensamentos — é aprender a estar presente nos seus sentimentos.

Meditar é estar consciente dos seus sentimentos e suas sensações. Quando você direciona sua atenção para a respiração ou para as sensações do corpo, a mente se acalma naturalmente. É como trazer um foco suave para o presente, sem lutar contra os pensamentos.

Como meditar: um passo a passo simples

Se você nunca meditou, não se preocupe. Aqui está um guia simples para começar:

Tempo: Dedique 5 minutos, duas vezes por dia. Com essa prática curta, você perceberá melhorias significativas em sua qualidade de vida. Sua concentração será aprimorada, e você fortalecerá sua capacidade de lidar com o estresse.

Onde meditar: Você pode meditar em qualquer lugar — na

cadeira, no sofá, ou até durante atividades do dia a dia, como caminhar ou lavar louça. O ato de prestar atenção já é uma forma de meditação.

Como fazer em dois passos:

1) Encontre uma posição confortável. Não precisa ser uma posição de ioga.

2) Foque na respiração. Use a respiração como sua âncora. Observe o ar entrando pelo nariz, inspirando profundamente, e sinta-o saindo ao soltar o ar também pela narina.

Você consegue perceber a diferença? O ar que entra é frio, enquanto o ar que sai é quente.

Durante esses 5 minutos, concentre-se nessa sensação do ar entrando e saindo.

O que acontece após 3 ou 4 segundos? Você vai começar a pensar em outras coisas! Uma infinidade de pensamentos surgirá. Imediatamente, você pode pensar: "Ah, falhei, não consegui". Mas isso é normal, não se deixe levar por eles.

O segredo está em perceber: Quando notar que se perdeu nos pensamentos, simplesmente volte para a respiração, sua âncora. Então você vai perceber a função mais básica da vida: respirar. E perceberá o que você pensa. E vai se dar conta de que você foi para os pensamentos. Então, volte para a imagem sensorial da realidade.

Com a prática contínua, você sentirá que está se preparando física e mentalmente para meditar mais ao longo de sua vida. Isso contribuirá para você enfrentar dificuldades e problemas, com melhor equilíbrio emocional.

Esse é o prestar atenção, esse é o estar presente, esse é o caminho da prosperidade e felicidade. Mesmo que possa ser desafiador trilhá-lo, vale a pena.

Meditar faz milagres?

Meditar não vai acabar com seus problemas de uma hora para outra. Não estou oferecendo uma solução mágica. Muito pelo contrário: meditar é um exercício trabalhoso, que exige esforço e dedicação. Mas os efeitos acumulados podem ser transformadores.

Eu acredito que a meditação faz, sim, milagres! Ela pode mudar a relação das pessoas com o estresse, a ansiedade e em muitos casos, ela até elimina a necessidade de medicamentos na vida das pessoas.

Às vezes, os resultados podem ser difíceis de perceber, especialmente quando estamos presos a uma expectativa idealizada de progresso. Pensamos: "Só estarei bem quando for de tal jeito". É assim que a insegurança surge, porque ao não atingir o «jeito perfeito», acreditamos que não evoluímos. O curioso é que a melhora já aconteceu — mesmo sem você perceba.

O progresso na meditação é sutil, mas é imediato e contínuo. Ele acontece nos pequenos passos.

A meditação na minha vida de psiquiatra:

Eu também encontrei um caminho na meditação. Dedico duas horas por dia ao exercício, inspirado no zen budismo. Eu jamais vou parar de meditar — fiz esse compromisso comigo mesmo por uma única razão: a meditação me ajudou a enxergar a mente humana com mais profundidade.

Essa transformação não é única para mim. Muitos que começam a meditar relatam mudanças semelhantes. Isso mostra que a prática é acessível a todos.

Concluindo: a meditação constrói uma torre de observação dentro de você. Ela permite que você veja seus pensamentos passarem como nuvens no céu, sem se prender a eles. A meditação ajuda a focar no agora. Pratique constantemente esses exercícios para alcançar maior clareza mental e bem-estar.

🕮 Dica: na meditação, as melhoras são rápidas, mas sutis. O sucesso está no esforço e na repetição, não apenas nos resultados imediatos. Pequenas mudanças acumulam grandes transformações.

Exercício - Interrompendo o Piloto Automático: Ao caminhar, dirigir ou pedalar, perceba seu nível de atenção. Observe tudo ao redor. Quando sua mente divaga, traga sua atenção de volta ao momento. Essa também é uma forma de meditar. A cada momento de presença, você está treinando sua mente para viver melhor.

O Que Vem a Seguir: Agora que você aprendeu a estar presente, está pronto para dar o próximo passo. No próximo capítulo, vamos explorar a Aceitação — o segundo mandamento da *Seita que Dói Menos!*

29

Aceita que Dói Menos: a Magia da Aceitação

Quando a realidade não é como imaginamos, sentimos o impacto — algo se parte dentro de nós. Nossa reação quase sempre é resistir, como se, na teimosia, pudéssemos mudar os fatos. A mente ergue escudos, tentando proteger seus padrões rígidos contra o choque com a realidade.

Mas e quando a realidade insiste em atravessá-los? Quando a dor emocional se recusa a partir?

Três princípios ajudam a superar essa resistência: aceitação, entendimento e flexibilidade. Aceitar é o primeiro passo. Entender dá clareza. Flexibilizar permite crescer. Juntos, esses pilares remodelam nosso cérebro, nos tornando menos rígidos, mais conectados à vida e mais preparados para lidar com a incerteza.

Neste capítulo o destaque é o Segundo Mandamento da nossa Seita: A aceitação.

O que é Aceitação?

Aceitar é suportar a dor. Mas o que isso significa ao lidar com a realidade?

Imagine-se trancado na escuridão de uma sala abafada. Aceitação é abrir a porta. A luz entra, o ar circula, e você finalmente respira melhor. Alguns visitantes inconvenientes podem aparecer, mas também os recebemos. Se fecharmos as portas e os negarmos, nos prendemos novamente no ambiente sufocante, e nossa sensação piora.

Aceitar é deixar a vida entrar, mesmo quando ela traz desconforto. Na nossa terapia, aceitar significa reconhecer e receber sentimentos e situações como são, sem tentar ignorá-los ou controlá-los. Mesmo que algo incômodo, como ansiedade ou culpa, insista em ficar, você escolhe conviver com isso.

A aceitação reduz a tensão interna e permite que você lide com os desafios com mais calma e consciência, expandindo a mente para novas realidades — o que promove flexibilidade mental e saúde emocional.

Por mais difícil que seja, aceitar a dor emocional traz progressos. Resistir a ela só a intensifica. E, à medida que aceitamos, a dor perde a força. Gostaria de ter aprendido isso cedo. Teria aceitado melhor minhas perdas. Teria sofrido menos.

Aceitação x Resistência – a briga com a Realidade

Não há como argumentar com a realidade, porque ela não é uma questão de opinião, ela é fato. Brigar com ela é como socar a água e insistir que não deveria molhar. Parece loucura? Sim. Mas fazemos isso o tempo todo, sem perceber. É o que acontece quando brigamos com o que está diante de nós.

Brigar com a realidade é a negação, o contrário da aceitação. Muitos vivem em guerra com a realidade, queixando-se: "Não deveria ser assim", "Isso é inaceitável", "Você viu o que fulano fez? É revoltante!". Esses comportamentos são expressões clássicas de negação e inconformismo — tentativas de criar atrito com a realidade, resistindo à sua entrada na consciência.

Todos temos nossas características, opiniões e formas de ver o mundo. Imagine um casal juntos há 20 anos. Durante todo esse tempo, um deles repete o mesmo comportamento. E o outro passa 20 anos brigando para que ele não seja assim!

Ou seja, está há duas décadas brigando com a realidade.

O custo dessa resistência é desgastante. Perdemos energia psíquica, e a realidade não muda — mas você se esgota.

Negar a realidade nos desconecta do presente — contrariando o ato de prestar atenção. Por exemplo, ao tentar meditar pela primeira vez, muitas pessoas podem negar a dificuldade: "Não consigo". Mas, quando a reconhecem, dão o primeiro passo para a consciência da situação.

Quanto maior o seu movimento de negação (não aceitação) e inconformismo, mais negativos vão ficando os seus pensamentos e sentimentos. Aceitar a realidade, em vez de brigar com ela, é o que traz alívio.

Aceitando Sentimentos Tóxicos

Sentimentos negativos são impossíveis de evitar, mas você pode enfrentá-los. A solução está em aprender a observar os sentimentos, mesmo os mais difíceis.

A dor é como qualquer sentimento. E como todo sentimento passa, a dor também passa. Aceitar é esperar a dor passar. Ela perde a força por si só.

No caminho da aceitação, raiva e frustração são comuns. Mas há apenas uma forma saudável de lidar: deixá-las passar — até mesmo as emoções mais triviais do nosso dia a dia.

Você passou o dia inteiro sonhando com batatas fritas crocantes — e aquele cheirinho irresistível de gordura. Mas, ao chegar ao restaurante... ele está fechado. No primeiro momento, vem a irritação. Para escapar do incômodo, sua mente pode racionalizar, buscando justificativas: "É só uma batatinha, vá a outro restaurante!" ou "Ah, não era para ser".

Racionalizar ocorre quando o pensamento tenta se sobrepor ao sentimento — uma forma de evitar o desconforto e fugir da realidade, impedindo você de entrar em contato com o sentimento. Mas isso não anula o sentimento, porque ele não é racional. Entre razão e sentimento, o sentimento prevalece. O incômodo só diminui quando você aceita: "Hoje, não tem batatas".

Se a frustração com batatas incomoda, imagine quando a vida tira algo realmente importante — uma perda, uma rejeição, um fracasso. O padrão é o mesmo: resistência, indignação, negação, raiva, revolta.

O segredo é aceitar a dor.

Mas aceitar não se limita apenas às dificuldades...

Aceitar Também Coisas Boas

Curiosamente, algumas pessoas, mesmo após superarem dificuldades e alcançarem uma vida mais confortável, ainda sentem desconforto com o bem-estar. A mente, habituada ao sofrimento, tenta nos puxar de volta ao que é familiar.

Por exemplo, há quem sinta culpa por ter sucesso enquanto outros enfrentam dificuldades. Isso acontece porque a pessoa aprendeu a usar a "coisa negativa" como um motor de motivação. Sem ela, sente-se perdida. É preciso aprender a cultivar sentimentos de plenitude e relaxamento, mas isso não é fácil.

Outros exemplos comuns são a dificuldade em sentir gratidão ou aceitar elogios. "Ah, nem está tão bom", "Fiz porque é fácil" — quantas vezes você já respondeu algo assim?

Se isso acontece com você, da próxima vez que receber um elogio, diga apenas: "Muito obrigado (a)". Sem justificativas nem desculpas. Mesmo que você core de vergonha, dê um sorriso amarelo e simplesmente aceite. Isso também ajuda a fortalecer a autoestima.

Agora, considerando todo o conhecimento que acumulou até aqui, e sabendo que as suas reações comportamentais são influenciadas por fatores biológicos, que pouco depende de você — e da sua vontade — você teria disposição para aceitar seus sentimentos?

⚠ Atenção! Quem aprende a aceitar sentimentos como dor, insegurança, vergonha, ciúme, ansiedade, inveja, etc, vivencia um crescimento incrível. O cérebro se fortalece e se torna mais saudável. Esse processo transforma a forma de lidarmos com desafios. É tão poderoso que até aprendemos a perder.

Proponho um novo caminho: quanto mais aceitamos a possibilidade de perder, mais bem-sucedidos somos. Aceitar a perda nos sintoniza melhor com a realidade, dando mais ferramentas e recursos para perceber com mais clareza o que está acontecendo. O oposto também é verdadeiro: quanto mais tentamos fugir da dor, mais sofremos.

Aceitação Como Fonte de Energia

Há duas formas de aumentar sua energia mental, e ambas geram sentimentos saudáveis:

1. Aceitação — reconhecer a realidade como ela é.
2. Abrir mão — desapegar de padrões mentais e desejos.

Aceitação não significa se acomodar ou desistir. Significa parar de gastar energia brigando com aquilo que já é. Se você se irrita, compreenda que seu apego às sensações passadas é forte. Se você deseja que algo fosse diferente; você tem dificuldade em fazer o movimento mais saudável, que é abrir mão. É natural se irritar. Seria maravilhoso se, em vez de criticar, você dissesse: "Puxa, é verdade. Tenho dificuldade em deixar de lado essa sensação. Até me irrito por causa disso".

Quando ficamos presos ao pensamento, surgem a teimosia, o apego e a rigidez. Nos agarramos às ideias, crenças e emoções com tanta força que nos tornamos incapazes de nos libertar delas — ou de entrar em contato com a realidade, que é o mais importante na nossa relação com a vida.

Ter consciência disso não basta para mudar. Mas, quando você percebe que o apego está prejudicando sua vida, surge uma faísca — e é essa faísca que pode impulsionar a transformação.

Como terapeuta, acompanhei inúmeros casos de divórcio. Pessoas que aceitam a situação, mesmo em casos dolorosos como traição, se recuperam mais rápido. Elas florescem, crescem pessoalmente e têm novas perspectivas de vida. Muitas refazem suas histórias e vivem mais felizes do que antes. Já outras pessoas não aceitam e ficam presas no sofrimento. Elas, infelizmente, permanecem rígidas.

📖 Dica: Toda vez que nossa consciência aumenta, nosso grau de energia também aumenta.

Aceitando a Insegurança

Todos passamos por momentos de segurança e insegurança. Para alguns, esses ciclos são mais fáceis de atravessar; para outros, mais desafiadores. Diante do novo, é natural que a insegurança apareça com força. Mas a melhor forma de lidar com a insegurança é aceitá-la e aprender a conviver com ela.

Coragem é a disposição de se entregar à insegurança, encarando os sentimentos e as sensações da situação. O processo de melhora reside justamente nesse enfrentamento: vivenciar o medo, ter taquicardia e prestar atenção nela, ter a sudorese e ficar prestando atenção nela, ter dor de barriga e prestar atenção nela. É não permitir que o medo de sentir o que você está sentindo lhe paralise, mas sim observar as próprias reações até que a mente, naturalmente, se acalme.

Imagine que você está com muito medo de fazer uma apresentação. Se você resistir ao medo, pensando "Ah, mas eu não poderia ter medo, eu tenho esse cargo e tenho que apresentar", isso seria o inconformismo, que cria resistência. E aí a angústia aumenta, com seu pensamento girando em falso, como uma roda atolada.

Mas se você constatar a realidade e sem crítica: "Poxa, eu sou medrosa mesmo. Olha só como eu estou. Vou fazer minha apresentação devidamente acompanhada do meu medo. Ele virá junto comigo, o medo, meu velho amigo!". Se você reconhece que a ansiedade, o medo e até a dor de barriga fazem parte do processo, pode até brincar: "Olha aí, quem apareceu! Lá vou eu pro banheiro." Isso ajuda a aliviar a tensão e transforma uma situação desconfortável em algo mais leve e manejável.

Ao abraçar a realidade, sem julgamentos, pode se libertar.

Aí você se conecta com a apresentação, começa a prestar atenção nas pessoas, percebe como reagem ao que você diz e, aos poucos, absorve esse padrão. Chega um momento em que sua percepção se alinha quase exatamente ao que está acontecendo. Bingo! Esse é o instante em que você atinge sua maior produtividade, desempenhando melhor e em mais em harmonia com o que está acontecendo — em qualquer situação.

⚠ Atenção! O aprendizado, que é a melhor coisa que pode acontecer em nossas vidas, ocorre em um ambiente de insegurança e foco.

O antídoto para a insegurança está na *presença*. Quanto mais atentos estivermos no momento em que a insegurança surge, mais facilmente a enfrentamos. À medida que você aceita a companhia da insegurança, ela naturalmente diminui. E, ao integrá-la aos seus padrões mentais, ela deixa de ser uma barreira.

Quem aceita a insegurança, recupera a segurança mais fácil. Quem não a aceita, continua inseguro. É o que sempre digo: "*aceita que dói menos*".

📖 Dica: ao entrar em um ambiente novo, experimente observar por 5 minutos, sem desejar nada – abra mão de qualquer interesse em chamar atenção, querer que olhem para você ou que falem sobre algo que você goste.

Concluindo: a aceitação é um antídoto contra a resistência à realidade, reduzindo o desperdício de energia. Aceitar é um processo fisiológico tanto quanto emocional. Seu cérebro se reconfigura, e quanto mais você aceita, naturalmente busca repetir, criando um ciclo mais saudável de adaptação e crescimento.

Exercícios

Objetivo: Identificar resistências e explorar como a aceitação pode melhorar seu bem-estar.

Diário de Aceitação: Identifique uma situação recente em que você resistiu ou negou algo na realidade, como um imprevisto ou uma crítica. Pergunte-se: "Aceitando, o que mudaria? Como minha energia seria afetada? O que ganharia?"

Meu Velho Amigo: Quando emoções incômodas surgirem hoje, ou a qualquer momento (medo, ansiedade, ciúme), receba-as como um visitante esperado. Dê boas-vindas, dizendo: "Ah, você de novo aqui, meu velho amigo!"

O que Vem a Seguir: Aceitação e entendimento caminham juntos. Primeiro aceitamos, depois compreendemos. E, ao compreender, abrimos espaço para crescer.

30

A Onda do Entendimento: Flua na Vida com Compreensão

"O entendimento é como aprender a surfar: você pode usar sua percepção para fluir melhor nas ondas da realidade."
— Isaac Efraim

Vamos ao nosso Terceiro Mandamento: O entendimento. *Aceitar* é a chave, mas podemos ir além. O próximo passo é ainda mais poderoso: *entender*. É aqui que as coisas realmente ganham força e se transformam de verdade. Quando entendemos os padrões, as dinâmicas e o que move as pessoas (e a nós mesmos), agimos com mais clareza e menos sofrimento.

Entender é um processo cognitivo que nos ajuda a aprofundar a compreensão da realidade. Todo comportamento tem uma razão de ser. Ele nasce dos sentimentos e emoções que carregamos, que influenciam nossa reação àquilo que nos acontece.

Entender é decifrar os padrões que guiam os comportamentos, ampliando a percepção. Por exemplo: o que está por trás da nossa agressividade, tristeza ou ciúme? Qual a dinâmica que sustenta esses sentimentos?

Todo padrão se repete. Entender é perceber o movimento das coisas e entrar em contato com uma dimensão mais profunda. É ser capaz de capturar um padrão que não veio da mente, mas da realidade. Ao fazer isso você também se beneficia. Você absorve o padrão de fora.

Imagine uma cena: Um líder eleva a voz contra uma colega, que parece acuada. Observando, você percebe a conexão: o tom do líder dispara uma reação nela. Simples assim. Sem precisar de julgamentos, as peças começam a se encaixar, ampliando sua percepção e compreensão.

Alguém poderia dizer: "Mas o líder é gentil! Não faz sentido ela sentir medo." A chave: não se trata de "deveria" ou "não deveria". A reação dela foi desencadeada por uma atitude dele. Basta observar e reconhecer a dinâmica. Esse é o poder do entendimento: ele elimina julgamentos e ilumina a lógica do outro.

Essa abordagem tem vantagens incríveis. Mais do que aceitar, você vai entendendo mais profundamente os comportamentos. Isso permite que você descubra padrões "ocultos" que moldam as interações ao seu redor, revolucionando a forma como você se relaciona com o mundo.

Desapegando-se do Egocentrismo

Ao desenvolver a capacidade de entender, algo curioso acontece: o peso dos julgamentos diminui, e você começa a se desapegar um pouco do seu egocentrismo.

Com uma postura mais imparcial, uma das primeiras coisas que você compreende é que a atitude do outro não tem nada a ver com você. Convivendo mais com essa pessoa, começa a identificar padrões de comportamento que se repetem, independentemente de quem está ao redor.

Lembro de quando eu nadava em um clube de elite em São Paulo, onde conheci um rapaz que namorava uma prima da Rainha Elizabeth. Ele desabafava comigo, e eu me sentia especial, acreditando que ele me via como um grande psiquiatra. Fiquei deslumbrado! Meu ego inflou. Até que o vi contando as mesmas histórias para outra pessoa. Foi ali que entendi: era o padrão dele. Não tinha nada a ver comigo! Depois disso, ficou muito mais fácil acolher aquela realidade sem meus julgamentos.

Quando você se solta do ego, seu poder de interação, de cultivar sentimentos positivos e de criar um ambiente agradável, próspero e feliz, se amplia.

Entender Padrões Aumenta sua Influência e Percepção

Compreender padrões desenvolve a habilidade de desmontar o que causa desarmonia ou atrapalha a produtividade. Você percebe, atua, e seu poder de penetração aumenta significativamente.

É assim que atuamos na realidade: em vez de ficarmos presos ao desejo intenso (o que é tóxico), cultivamos um estado de presença e agimos com mais consciência e equilíbrio. Gradualmente contribuímos, ajustando nossa comunicação para gerar sentimentos positivos e, aos poucos, transformar a realidade.

Durante uma discussão, apresentação ou reunião, por exemplo, se notar desinteresse ou tensão, observe as reações das pessoas — tom de voz, perguntas — essa é a oportunidade de identificar os pontos que não estão harmoniosos.

Com essa compreensão, você pode agir para melhorar a situação, talvez contando uma história descontraída ou fazendo uma brincadeira para quebrar a tensão. Pequenas mudanças transformam o clima; a presença permite que você as perceba e ajuste.

Entender o outro é absorver a realidade sem os filtros do pensamento. É uma habilidade transformadora. Você vai descobrir que, quanto mais entende, menos se desgasta — e melhor se sente. Entender emocionalmente e afetivamente o outro é o ato da compaixão.

Na próxima vez que algo incomodar ou surpreender você, pare, observe e pergunte-se qual é a lógica por trás do comportamento que está vendo. Deixe os julgamentos de lado e cultive uma curiosidade genuína.

Desenvolvendo a Empatia: a Chave para Interações Harmoniosas

Ao compreender como as pessoas agem, conseguimos responder com empatia. *Empatia* é a capacidade de entender a lógica das pessoas, mesmo que nos pareça absurda. Não se trata de concordar, justificar ou validar o comportamento dos outros, mas de compreender por que agem assim. É importante desenvolver empatia também por nós mesmos, porque temos nossos padrões ocultos e dificuldade de nos entender.

A compreensão é a melhor maneira de cultivar empatia e construir conexões mais profundas. Ao desenvolver empatia, você obterá resultados melhores do que quando força uma situação ou cria um ambiente de repressão, cheio de regras.

🕮 Dica: A empatia nasce da habilidade de mudar de ideia e abrir mão de julgamentos. Ela reduz confrontos e o desgaste emocional.

Nunca é pessoal

O cultivo de sentimentos saudáveis é uma mudança genuína na maneira como processamos e reagimos às emoções. Aprendemos a cultivar sentimentos como empatia, aceitação e compaixão, não apenas como um mantra, mas como uma prática diária.

Lembre-se sempre: "Nunca é pessoal". As pessoas agem conforme suas maneiras, não como um ataque a nós. Cada um tem seus padrões, diferentes dos nossos, e isso não significa que queiram nos diminuir ou prejudicar. É apenas a maneira como são.

Alguns acreditam que precisam gritar, dar ordens ou ser excessivamente amigáveis para ocupar seu espaço no mundo. Quando conseguimos ter essa perspectiva, o mundo se torna menos hostil.

Haverá tropeços, desafios e situações que não saem como esperamos. Existem milhões de padrões por aí, e adaptar-se a eles não é simples, pois nossos desejos, vontades e apegos influenciam nossas reações. Mas faz parte da vida.

Bia é inteligente, mas insegura e tímida. Seu jeito fechado pode parecer arrogância, e quando compartilha suas conquistas, alguns a veem como soberba. Se confrontada, fica ainda mais insegura e com medo, reagindo defensivamente.

Mas é só o jeito dela. Ela é assim, não é por mal, nem pessoal. Lembre-se que no máximo somos gatilhos para o outro. Mesmo que, em sua ilusão, alguém nos veja como inimigo, ainda assim não é pessoal. É o que ele sente.

Aceitando os padrões da realidade, a mente se torna aliada. Não construiremos um mundo ideal, mas o melhor possível. E o melhor mundo não tem limites, sempre há espaço para melhorias.

Revolucione: Pare de brigar agora!

Quer aprender um truque simples para evitar brigas? É simples, porém revolucionário — e já me salvou de algumas discussões em casa!

Sempre que alguém acusar ou confrontar você, capture a essência do que foi dito, descarte os exageros, respire fundo e diga: "Você está certo. Tem razão." É como desarmar um explosivo com um sorriso, o conflito se dissolve.

Observe como a pessoa se acalma. A vontade de atacar diminui. E então você percebe um padrão: "Toda vez que admito que o outro está certo, minha vida melhora."

Mas atenção: Tem que ser genuíno. É importante falar com delicadeza e sinceridade. Se tiver ironia ou ressentimento, não funciona.

Esse exercício traz vários benefícios. Seu cérebro aprende rápido, então, quando você adota uma atitude que lhe favorece, ela logo se transforma em um novo padrão de segurança. Além disso, essa prática é poderosa para lidar com a vaidade e a culpa, porque ajuda você a reconhecer quando está agindo a partir do ego. Ao fazer isso, você corta o orgulho pela raiz e encara a vergonha de frente. Seu ego se desarma porque você deixa de perseguir uma versão idealizada de si mesmo – aquela ilusão de perfeição que só gera sofrimento. Nos conectamos com comportamentos do ego que são nocivos, mas não são realmente nossa culpa.

📖 Dica: Aplique a abordagem de dar razão a alguém em uma discussão. Observe os resultados.

Exercícios

Objetivo: Cultivar empatia, melhorar comunicação e relações pessoais e reduzir sofrimento ao reconhecer o que está fora do controle.

Treinando a empatia: Converse com alguém com quem normalmente discorda. Ouça com curiosidade, buscando entender sua perspectiva sem interromper. Pergunte: "Por que isso é importante para você?"

Dando razão a uma pessoa: Ao conversar, procure entender a lógica do outro, como chegou àquela conclusão. Diga: "Entendo seu ponto, você tem sua razão".

Treinando a harmonia: Se alguém parecer rude e isso lhe ofender, silencie seu ego: "Nunca é pessoal".

O Que Vem a Seguir? A aceitação e o entendimento fortalecem nossa presença, que fica mais constante e duradoura. Mas há um pilar essencial: a flexibilidade. Ela nos permite adaptar, crescer e evoluir, sem resistência.

31

Flexibilizar: a Arte de Reorganizar a Mente

Imagine um contorcionista: ele se dobra, gira e se adapta sem se partir. A flexibilidade nos permite fazer o mesmo diante da realidade — ajustando-nos sem nos quebrar. Neste capítulo, vamos explorar como a flexibilidade mental nos ajuda a lidar com as incertezas da vida e a evitar os danos da rigidez.

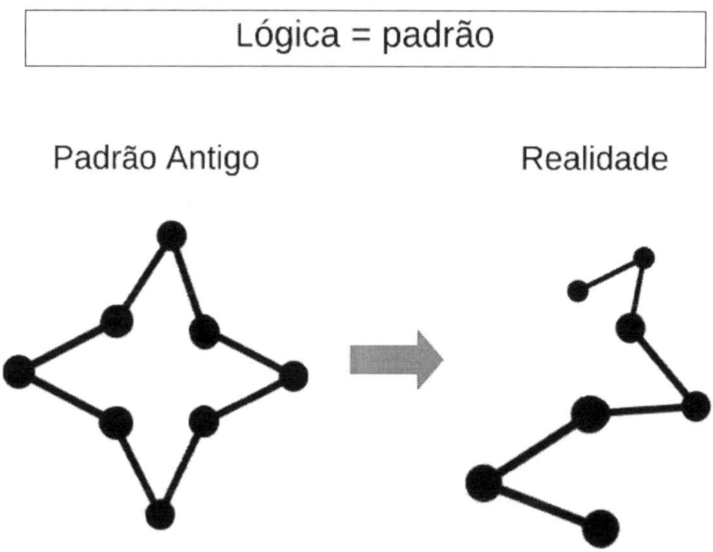

O que é flexibilizar?

Flexibilidade Mental é uma troca na sua organização mental: sai o que você deseja, entra o que é. É a sua capacidade de ajustar percepções e pensamentos para se adaptar a novas realidades e crescer.

Se você deseja uma mente saudável, precisa aprender a ser flexível. Isso se cultiva com aceitação e entendimento.

Reorganizando a mente

Se você cria regras fixas, está sendo rígido e inflexível, afastando-se do caminho da felicidade e do crescimento. Mas ao flexibilizar, reduzimos a distância entre o que pensamos e o que acontece. Ficamos mais conectados e dinâmicos. Isso nos dá novas ferramentas para lidar com o mundo e melhorar relacionamentos.

O caminho é simples: observar sem pressa. Em vez de resistir, encare o que lhe causa medo ou desconforto. Aos poucos, você percebe os movimentos da realidade e absorve novos padrões. É nesse ponto que o crescimento acontece.

Costumo brincar que sou um "reorganizador da mente humana". Mas quem quebra as estruturas é a realidade. A terapia ensina flexibilidade; meu papel é ajudá-lo a lidar com o impacto dessas mudanças.

Por exemplo, muitas pessoas relatam insônia antes de compromissos importantes. Digo: "Mas você sabe que isso é normal. Basta ter algo agendado para o sono desaparecer!" O paciente concorda: "É verdade. É normal eu sofrer."

Essa releitura simples ilumina a situação e ajuda a pessoa a aceitar melhor sua realidade. Ao reconhecer o padrão, o sofrimento perde força e a ansiedade diminui.

E qual é o fruto desse movimento de aceitar a insegurança e os processos desconfortáveis? Flexibilidade. Você ganha a capacidade de mudar de ideia.

Mudar de ideia dói

Mudar de ideia é fantástico! Uma das experiências mais abençoadas que podemos viver. Mas não vou mentir: dói. É como reformar uma casa: envolve trabalho, desconforto e até algumas dores de cabeça, mas no fim você ganha um espaço mais amplo e arejado. É assim que criamos espaço para o novo.

Mudar de ideia é desconstruir o ego. Talvez você tenha acreditado em Deus ou que seu relacionamento era perfeito. Agora, questiona essas certezas. Para mudar, é necessário desmontar as antigas estruturas mentais. Isso significa abrir mão da segurança e das referências que você sempre teve. Surge o medo e a insegurança — e isso é inevitável. Muitos passam por isso, e alguns enfrentam depressão. Afinal, chacoalhar convicções é doloroso.

Mas, à medida que a pessoa compreende e aceita novas formas de ver o mundo, sua consciência se expande. O incômodo diminui e a flexibilidade mental floresce. A boa notícia? Quando aceitamos e incorporamos uma nova realidade, tudo começa a fazer sentido novamente. É como ajustar os óculos e finalmente enxergar com nitidez. Você entende melhor a lógica do que acontece ao seu redor, incluindo o comportamento dos outros.

A compreensão traz alívio. Sua mente evolui, tornando suas previsões mais precisas e restabelecendo seu senso de segurança — que eventualmente acabará sendo perdido, pois é impermanente. Mas a flexibilidade podemos sempre manter.

Fig. Costureira desfazendo estruturas rígidas: as agulhas simbolizam a dor, como medo ao mudar de ideia. Assim como a costureira desfaz costuras antigas para refazer uma peça, quando desfazemos padrões rígidos criamos novas estruturas mentais.

A Neuroplasticidade: o Cérebro Flexível

O conflito com a dor surge quando o que sentimos não corresponde ao que pensamos que deveria ser. É como se nosso mapa mental, antes confiável, se tornasse desatualizado. Sem referências claras, nos sentimos perdidos, e o sofrimento se intensifica.

Mas, ao compreender que a dor é uma consequência natural de um momento difícil da sua vida, você começa a atualizar seu mapa mental, ajustando seus padrões para se encaixar na nova realidade. Isso é neuroplasticidade: o cérebro se reorganiza fisicamente, criando novas conexões a partir das experiências e aprendizados. Nosso cérebro não é rígido. Como uma massa maleável, ele se remodela continuamente, abrindo novos caminhos para acompanhar as rotas da realidade em constante transformação.

Sendo flexível, sua energia psíquica entra em uma espiral crescente. Você se sente leve, mais cheio de vida. Ao contrário, quando você não se conforma, sua energia cai. Quanto mais treinamos a mente para se adaptar, mais equilibrados nos tornamos diante das incertezas — e mais nosso estado emocional melhora.

Adaptação é inteligência

Mudar de ideia é uma forma de adaptação – uma resposta saudável às mudanças e desafios da vida. Quando soltamos as amarras do pensamento rígido, criamos espaço para novas possibilidades e crescimento pessoal.

É como um jogo de varetas. Cada vareta representa um padrão mental: busca por reconhecimento, necessidade de aprovação, crenças, desejo de controle. Se tentarmos arrancá-las de uma vez, tudo desmorona. Mas se prestarmos bastante atenção e, como uma pequena formiguinha, humilde, quietinha, sem importância nenhuma, retirar cada uma delas, com cuidado e consciência, temos progresso. A terapia que proponho não destrói crenças, mas as desconstrói. Quando compreendemos os processos por trás de nossos comportamentos, ganhamos poder sobre eles — sem culpa, pois ninguém tem culpa de nada.

Concluindo: a vida é troca constante entre velho e novo. Fluir é prestar atenção, aceitar e seguir em movimento. Quanto mais desenvolvemos flexibilidade, mais ampliamos nossa capacidade de adaptação e compreensão, abrindo caminho para lidar com realidades difíceis. O ciclo sempre se repete, e estar preparado é uma forma inteligente de viver.

📖 Dica: Flexibilidade é a chave para lidar com os desafios de ter um ego e uma mente.

Exercícios

Objetivo: Treinar percepção e flexibilidade.
Desafio de Flexibilidade: Escolha uma crença antiga, ou temas como política, ética, ou até filosofia de vida, e busque conteúdos (artigo, vídeos etc.) que apresentem uma visão oposta. Ao invés de refutá-los imediatamente, tente entender o ponto de vista. Pergunte-se: "O que posso aprender com essa perspectiva?" e "Como isso desafia meus padrões de pensamento?"

Experimento do Novo: Faça algo fora da rotina: mude o trajeto, coma algo diferente, inicie uma conversa inusitada. Observe como seu corpo e mente reagem ao desconforto da mudança.

32

A Inteligência do Conformar-se

Vamos acabar com uma confusão comum: conformismo não é o mesmo que desistência. Na verdade, é um ato de lucidez e inteligência. Quem sabe se conformar, age melhor. Aceitar algo não significa gostar ou concordar. Significa entender o que é possível mudar e o que precisa ser aceito. E para aceitar, temos que nos conformar.

Conformar-se é um ato de inteligência

Conformismo é reconhecer a realidade e, a partir dela, encontrar o melhor caminho. Conformar-se não é desistir, é se ajustar com inteligência. E adaptação é a chave para sobreviver e prosperar.

Muitos confundem conformismo com inércia. Acreditam, de forma equivocada, que é o mesmo que acomodação. Talvez você também se pergunte: "Preciso aceitar tudo agora? Ser passivo? Agir como um carneirinho?"

É importante entender que o conformismo não elimina a ação; ele a fundamenta na realidade. Conformar-se mentalmente é permitir que a realidade encontre lugar em sua consciência. Você pode agir como quiser, desde que esteja conformado com o que está acontecendo ou já aconteceu. A questão é: o que fazer?

A escolha é sua. Você pode gritar, chorar ou se revoltar. Mas já compreendeu como as coisas são. A realidade continuará a mesma, mas você terá mais clareza para decidir e agir.

⚠ Atenção! Não estou defendendo a submissão ou a acomodação. Conformar-se é um ato de lucidez e presença. Não é passividade. A verdadeira passividade é negar a realidade e ficar preso à resistência.

Lembro de uma pergunta marcante: "Dr., em uma guerra, a pessoa pode planejar uma fuga ou aceitar a realidade e permanecer até morrer. Se não aceitar, pode sofrer psicologicamente. Qual é o equilíbrio?"

Uma situação de guerra é extrema, mas o ponto é que buscar um comportamento perfeito ou ideal é se perder em ilusões. Um terapeuta não diz "fujam" ou "fiquem". O papel dele é ajudar as pessoas a refletirem sobre o que é possível.

Se você não pode fugir e não tem como mudar a situação, conformar-se se torna estratégia de sobrevivência. Isso não resolve todos os problemas, mas reduz o sofrimento psicológico. Em momentos assim, a escolha menos prejudicial é aceitar a realidade enquanto você se mantém atento ao que está ao seu alcance para se posicionar melhor dentro da situação.

Pense no caso de uma esposa que vive com um marido abusivo. O que ela deve fazer? Primeiro, reconhecer que ele é abusivo. Ela precisa reconhecer o padrão: diminuí-la, criticá-la. Compreender isso não significa aceitar passivamente, mas tomar consciência da realidade. Com essa clareza, ela pode decidir com mais segurança o que fazer. Se tiver a possibilidade de sair, ela sairá. A compreensão é a base para qualquer ação consciente e transformadora.

Conformismo na Prática

Bia vem crescendo ao aplicar esses ensinamentos. Recentemente, descobriu uma doença que exigia cirurgia, interrompendo seus planos. Sua primeira reação foi de raiva e desespero: chorou, lamentou e se sentiu injustiçada. Quando percebeu que sua vitimização e resistência só aumentavam seu sofrimento, respirou fundo e começou a fazer o que precisava: lidar com planos adiados, exames e a cirurgia. Ao se conformar, sentiu-se mais aliviada e agiu para ter uma operação bem-sucedida, com mais equilíbrio para se recuperar.

Agora é com você. Identifique um desafio recente. Você ainda tem pensamentos sobre esse fato? Tem pensado obsessivamente neles?

Pensamentos Obsessivos e Conformismo

Existe um motivo para os pensamentos obsessivos, aqueles que ficam girando na nossa mente sem parar. Mas raramente alguém explica isso com clareza.

⚠ Atenção! Você não vai encontrar essa explicação em nenhum outro livro!

Os pensamentos obsessivos surgem quando não conseguimos nos conformar com uma realidade que nos contraria — basta algo sair do esperado para disparar o inconformismo.

Um exemplo clássico disso é quando a atitude de outra pessoa não corresponde à lógica da nossa expectativa. Bia acreditava que, ao ser gentil com Leo, receberia carinho em troca. Quando Leo não era carinhoso, na lógica dela, ele estaria sendo “injusto” (que é um julgamento). E aí ela não se conformava.

A mente, então, tenta "consertar" o "inconsertável". Mas você concorda que o registro da nossa percepção só pode se referir ao passado? E que o passado é imutável?

É nesse momento que a mente, imersa em seu mundo imaginativo, fica tentando consertar o que já não pode mais ser consertado, pois está no passado — isto é o pensamento obsessivo.

A solução? Conformar-se. É um ato de lucidez que reduz esse sofrimento.

Lidando com o Inconformismo

"Ao contrário do julgamento, que tem certo ou errado, não existe sentimento errado. Sentimentos estão sempre certos: eles apenas acontecem." — Isaac Efraim

Os sentimentos são nossa principal ferramenta para interagir com a vida. É através deles que percebemos e incorporamos a realidade. Não há instrumento melhor.

E para resumir isso de forma direta, sem dramas ou teorias complicadas: o comportamento apareceu na realidade. É fato. Não discuta. Aceite.

Conforme-se.

Quanto mais rápido você se conformar, menos sofrerá. Quanto mais rápido aceitar, mais depressa sua mente se adaptará e incorporará essa informação. Isso é inteligência emocional. Isso é flexibilidade. Apesar de não eliminar o desgaste de lidar com a vida, reduz seu impacto. E, quando bem treinada, pode trazer resultados rápidos.

Quer praticar? Começar é simples. De agora em diante, sempre que observar algo, diga: "É assim".

- Ah, fulano fez aquilo? — Sim. Então... ele é assim.
- Poxa, mas não é adequado fazer daquele jeito!
- Sim, você tem toda razão. Mas ele é desse jeito. Ele é assim.

E, a partir dessa simples aceitação, sua percepção mudará.

Mas Isso Não Nos Torna Conformistas?

Conformar-se é alinhar sua organização mental com a realidade. Saber que um chefe é confrontador pode ajudar você a planejar uma intervenção do RH ou encontrar soluções. Mas sem revolta. Sem se desgastar. Apenas agindo dentro do que está ao seu alcance para lidar com o fato de que ele é assim.

O mesmo vale para nossa convivência com qualquer pessoa, como com as mal humoradas. Pode ser desagradável e ninguém gosta dessa situação. Mas e se você simplesmente aceitar que essa pessoa é assim?

- Você sofre menos
- Você tem mais instrumentos para não entrar no mau humor dela.

E esses são benefícios maravilhosos, concorda?

📖 Dica: Se você deseja praticar a pura e simples aceitação, a frase chave é: "é assim". E é surpreendente como isso pode ajudar.

Conclusão: Aceitar, entender, flexibilizar e incorporar são o caminho para lidar com a realidade de forma saudável. Isso é a consciência. É um ciclo que nos impulsiona para o crescimento e a transformação mental. Não é fácil. Muitas vezes tropeçamos em situações que nos parecem injustas, mas são habilidades que podemos treinar.

Quanto mais aceitamos, mais entendemos. Quanto mais entendemos, mais flexibilizamos. E quanto mais flexibilizamos, menos sofremos. Ficamos mais inteligentes. No fim, inteligência emocional nada mais é do que a capacidade de aceitar a realidade sem lutar contra ela.

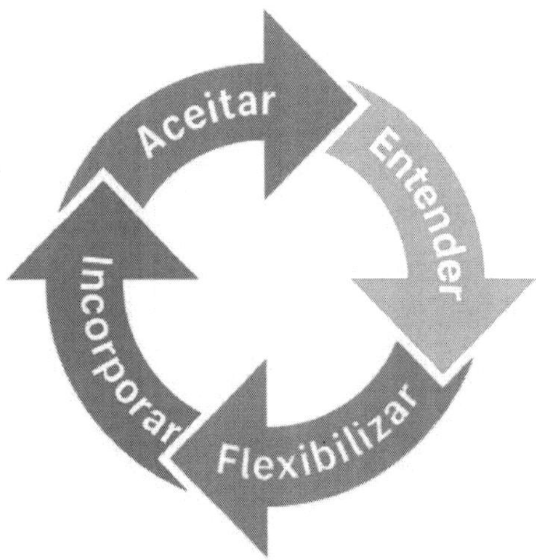

Exercícios

Conformismo Consciente: Escolha uma situação que você não pode mudar, como um atraso. Em vez de resistir, observe o que pode ser feito, sem pressão para "resolver".

É assim: Faça o exercício com alguém próximo. Diga: "Ah, que absurdo esse chefe/marido/esposa, ele provoca, é agressivo... então... ele é assim. Esse é o jeito dele. Não adianta mais discutir. Ele é assim." Ao permitir que essa ideia entre na sua mente, você cria uma estrutura mental nova, incorporando essa compreensão e não sendo mais surpreendido pelo fato de que ele é assim.

Estudo de Caso: o Luto e a Aceitação

O luto é o maior teste de aceitação. Ele nos arranca do que conhecemos e nos joga no desconhecido da ausência. Não importa a cultura, idade ou crença — perder alguém deixa um vazio que desafia nossa compreensão. Mas entender como a mente reage à dor nos ajuda a seguir em frente.

Este estudo de caso reforça os conceitos apresentados ao longo do livro para compreender como o luto molda nossos padrões neurais, afeta a saúde e nos faz recorrer às imagens mentais como alívio.

O texto foi preparado com muito carinho, em memória de todas as pessoas que se foram, e para fortalecer as que aqui estão, continuando essa trajetória chamada vida. Se este tema for sensível para você, leia no seu próprio tempo. Sua dor merece espaço e acolhimento.

O Luto e os Caminhos do Cérebro: Depoimento O Impacto Inicial da Perda

"Eu amava meu pai. Ele era meu primeiro conselho e minha última ligação do dia. Tínhamos a mesma profissão, estávamos sempre juntos. E então… ele se foi.

Naquele momento, eu não sabia. Mas meu corpo já sentia. No meio de uma entrevista de emprego, senti um gosto de sangue na boca. Pedi um copo de água sem entender por quê. Algumas horas depois, a notícia veio. O choque. O desespero. A pior dor que já senti. Meu mundo desabou — e as doenças vieram junto."

Este relato reflete o impacto inicial da perda, um momento crítico no luto. Quando enfrentamos uma perda, é como se uma onda de choque atingisse nossa mente, provocando um chacoalhão que desestabiliza profundamente nossos padrões de pensamento. O cérebro entra em colapso. Acostumado à presença da pessoa, é forçado a se ajustar a uma nova realidade sem ela, gerando confusão e dor emocional.

O estresse intenso e o trauma emocional desregulam o corpo, liberando hormônios como cortisol e adrenalina, que afetam órgãos como a tireoide. É comum pessoas passarem mal ou desenvolverem doenças após a notícia de uma perda.

Após o impacto inicial, surge o inconformismo. Sem perceber, somos puxados pela mente para o passado.

Memórias e Imagens: a busca por prazer e alívio da dor

"Depois que ele se foi, eu não queria sair da cama. Relembrava nossos momentos juntos, revivendo cenas e diálogos. Nossa última conversa não saía da minha mente. Todas as manhãs, meu pai estava lá, me apoiando, se divertindo com as músicas que eu fazia. Agora, eu não sabia o que fazer."

O luto nos arranca de nossa zona de conforto. Ele nos desafia a construir um novo sentido de normalidade em um mundo transformado. Quando perdemos alguém, nossa mente ainda projeta o futuro com a presença dessa pessoa, como se ela fosse voltar. A mente não consegue compreender a ausência e pensamentos como "Ah, se ele estivesse aqui" ou "Não consigo aceitar que ele se foi" são comuns.

A mente tenta escapar da dor refugiando-se em lembranças. Resgatar fotos, relembrar momentos ou até manter conversas imaginárias com quem se foi podem trazer alívio momentâneo e esperança ao relembrar bons momentos — ou na tentativa de manter uma conexão com quem partiu. Mas, dessa forma, a dor não passa. Pelo contrário: ela é perpetuada pelos pensamentos. E, toda vez que pensamos, dói novamente.

Essas reações são naturais no início, mas, com o tempo, podem se transformar em correntes que nos prendem ao passado e dificultam nosso avanço para o próximo passo: aceitar a realidade e lidar, pouco a pouco, com as emoções intensas que surgem.

O Processo de Aceitação

"As pessoas me diziam para não chorar, para ser forte. Mas eu não conseguia ser forte. Eu queria chorar. Sentia muita raiva do mundo, achava que a partida dele era uma injustiça tremenda. A culpa também me assombrava. Será que não fiz o suficiente? Culpava os outros também. Por que não fizeram mais? Vivi um inferno. Briguei com todo mundo. Hoje entendo que isso era uma forma de tentar aliviar tanta dor. Com o tempo, com terapia e prática, fui aceitando a realidade e aprendendo a perdoar. Mas até hoje, sempre que falo do meu pai, sinto um aperto e choro."

Chorar pela perda de alguém evoca a sensação de dor e tristeza, buscando alívio para essas emoções intensas. No luto, sentimos a sensação de impotência e desordem, buscando razões e culpados para dar sentido à perda, e ganhar algum senso de controle em uma situação incontrolável. Refletimos sobre o que poderia ter sido feito, nos culpando ou culpando os outros.

Você já passou por esses sentimentos? Eu já. Enfrentamos questões não resolvidas ou relações complexas que nos levam a expressar sentimentos como ressentimento, culpa e raiva, especialmente quando a perda parece injusta ou evitável. A raiva é uma reação comum, sintoma do medo do que está por vir, como viver sem um ente que provê amor e segurança.

Precisamos viver o luto até que nossa mente compreenda que a pessoa querida se foi, mas nós continuamos aqui. Isso nos leva a um nível mais elevado de consciência.

Acendendo a luz da consciência

Esforçar-se para não se apegar às lembranças é muito importante no longo prazo. Aceitar a perda ajuda a mente a se libertar gradualmente dessas imagens, diminuindo aos poucos a intensidade do medo, ansiedade, e outras emoções associadas ao luto. Quem resiste à aceitação se mantém preso às memórias. Isso gera um estresse muito intenso, que acaba afetando nossa saúde física e emocional.

Você pode estar se perguntando se consegue controlar essas sensações. A proposta é o contrário. A chave não é controlar a dor, mas sim enfrentá-la. É permitir-se sentir tudo. É como seguir esse "roteirinho": "Eu vou sofrer, deixa eu sofrer um pouco mais. Deixa-me sangrar, chorar, passar por toda a dor que eu tenho que passar, porque eu perdi mesmo". Então vai doer de novo, e você continua o processo, se permitindo entrar em contato com essa dor aos pouquinhos.

Eu sempre enfatizo aos meus pacientes que a aceitação é um passo fundamental no caminho para a recuperação. Com o tempo, as memórias dolorosas, o medo da nova situação, a culpa e a raiva começam a se transformar. O cérebro começa a aceitar a nova realidade. É um período de ajuste, onde a dor do luto começa a perder a força e diminuir, embora nunca desapareça completamente.

Desenvolver a consciência diminui a influência da mente, levando a uma melhor organização mental. Ao enfrentar a dor, a mente reconfigura padrões que antes reforçavam o sofrimento. Esse processo de adaptação ajuda a transformar o impacto em resiliência, criando novas conexões que favorecem equilíbrio emocional. É assim que a aceitação, gradualmente, guia o cérebro para a construção de um novo sentido de normalidade.

O que fica

Lidar com o luto nunca é fácil. Mas não há pressa para se recuperar. Permita-se chorar e sentir profundamente sua dor. Tentar ficar bem imediatamente só aumenta a pressão sobre si mesmo, intensificando o sofrimento — e, sem querer, reforçando a dor.

Aceitação não significa deixar de sentir saudade e gratidão:

"Certo dia, eu assistia a uma apresentação de dança. Meu pai, a caminho do hospital, parou em frente à televisão e perguntou se era eu quem dançava no palco. Respondi que não. Ele me olhou e disse: — Filha, por que você deixou de ir às suas aulas? Nunca pare de fazer o que lhe faz bem.

Esse foi o último conselho que ele me deu. Meu pai nunca mais voltou para casa. Quando me perguntam qual é a razão da vida, eu digo: viver da melhor maneira possível no presente. Desenvolver nossos talentos e habilidades. Fazer o melhor com o que temos — no fim, isso também reverbera na vida dos outros. Passar por momentos bons e dolorosos com coragem para enfrentá-los, porque assim é a vida. Tenho muita saudade do meu painho e sinto imensa gratidão pelo seu legado, que permanece vivo em mim." — Cybele Freitas

Exercício: Sentindo o luto

Como você se sente agora após sua perda? Consegue identificar que as lembranças podem estar afetando sua saúde? Reconheça que a pessoa não está mais presente e permita-se sentir a dor. Aceite todas essas sensações sem julgamento.

Observação: Você pode descobrir várias emoções: tristeza, saudade, amor, gratidão, arrependimento, culpa, raiva, mágoa ou uma mistura de emoções. Seja gentil consigo. Aceite esses sentimentos sem julgamento, reconhecendo que eles são uma parte natural do processo de luto e de como nossa mente funciona.

Lembre-se: Quem foge da dor, vai ter mais dor. Quem aceita a dor, vai ter menos dor.

33

A Terapia do Soltar

"Soltar é a coisa mais saudável que existe. A mente só sabe prender. Toda vez que você é levado pelo pensamento, está prendendo e indo contra sua felicidade." — Isaac Efraim

E fecham-se as cortinas! Chegamos ao capítulo final. Não há soluções mágicas para tirar da cartola, mas sim ferramentas práticas para lidar com seus desafios. Ao aplicá-las, seu progresso será notável.

Aprendemos que a mente busca segurança e tenta controlar tudo, criando um vínculo com nosso próprio eu. Esse comportamento egocêntrico é o maior obstáculo para soltar. Quando nos deixamos levar pelos pensamentos e sentimentos criados por ele, nos aprisionamos.

É por isso que digo que a mente é a nossa maior inimiga. Se estou enfatizando que soltar é a coisa mais saudável que podemos fazer, e a única coisa que a mente e o ego sabem fazer é prender, então cada vez que nos deixamos levar pelos pensamentos e sentimentos, estamos nos aprisionando ainda mais.

No que você mais tem pensado? Soltar é tentar não continuar a pensar no assunto. Mas, como soltar? Podemos praticar em duas dimensões: soltar os fatos e os sentimentos.

Soltar Fatos

"Soltar fatos" é permitir que os eventos aconteçam naturalmente, sem tentarmos controlá-los.

A mente, ansiosa por segurança, cria cenários negativos e nos convence de que interferir é necessário. Ela pensa: "Se eu pensar, estarei me preparando". Mas a lição é permitir que os fatos se desenrolem, mesmo com as ameaças e medos da mente.

Imagine que alguém critique uma ideia sua. A mente prevê o pior: "Meu livro será um fracasso, minha reputação será arruinada!".

Então, agimos por obrigação de interferir para evitar a crítica, seguindo o movimento de prender. A mente repete: "Não posso ser criticado, não posso."

Como soltar os fatos? Simplesmente permita que a crítica aconteça. Enfrente as ameaças dizendo: "Tudo bem, deixe acontecer. Se vier, que venha". Aceitar eventos desagradáveis, sem tentar evitá-los, é a essência de soltar. Na prática, isso significa parar de pensar no assunto, deixando-o de lado.

Desafios da mente ao soltar: Resistência, medo e culpa

Ao começarmos a soltar, a mente reage: "Você está sendo irresponsável. Vai se dar mal". Essa resistência dificulta o processo. Quando percebe que você está disposto a soltar, intensifica as ameaças: "Vai dar tudo errado!". Esperta, ela luta para nos convencer de que soltar será terrível, criando medo.

Isso porque, ao soltar, renunciamos ao desejo de controlar, deixando em aberto as possibilidades criadas pela mente.

O cérebro acelera, tentando escapar das previsões negativas. Quanto mais agitado, mais o medo cresce, e pior fica nossa capacidade de abrir mão do controle.

Se algo der errado, a culpa será sua — pela omissão, pela falta de controle e por permitir que tudo de ruim que a mente previu se concretize.

Sentir medo e culpa é normal. O problema é ser dominado por eles. Ao soltar, superamos o medo e a culpa.

Mas e se as críticas se tornarem reais? Há *haters* em todo lugar, falando mal de nós. O que fazer? Compreender o que permitiu que as críticas chegassem, e que os outros não são capazes de entender a sua atitude.

Lidando com a Insegurança e o Movimento Solta-Prende

Quando você se enche de coragem e decide soltar, ou seja, parar de tentar controlar tudo e apenas observar, a insegurança aparece, especialmente diante de situações imprevisíveis. Imagine uma prova decisiva. É natural sentir insegurança: "E se eu não passar?". Diga à mente: "Deixa rolar. Seja o que Deus quiser".

Você enfrenta a ameaça da mente porque tem consciência de que é um truque dela. Ao reconhecer esse mecanismo, você se fortalece e a desafia. Desafiar é permitir que as coisas aconteçam. E isso é soltar.

Soltando, você desmascara o blefe da mente. Ela diz que você fracassará, e você responde: "Tudo bem, eu posso fracassar." Mas entenda que você vai se preparar. Não é que você vai sair e se divertir ao invés de estudar. Estou discutindo apenas o plano mental.

Mesmo que você se prepare, a mente insiste que você não está pronto ou não é bom o suficiente, exigindo uma perfeição inatingível. Enfrentar a vida da melhor maneira é lidar bem com isso, dando o seu melhor, mesmo que sua mente lhe atormente. A sensação de insegurança ao soltar precisa ser suportada.

Por exemplo, se você promete voltar às 22h, mas chega às 3h, a mente diz: "Você está encrencado!". Então, pensamos em justificativas, que são desejos de controle. E continuamos: "Eu vou falar isso". Nossas cabeças ficam ocupadas com entulhos de controle e apego.

A mente age como uma mãe superprotetora que não deixa o filho se divertir sem o seu controle. Essa tendência reflete nosso egocentrismo. Soltar significa abrir mão dessa necessidade de interferência. Não é abandonar tudo ao acaso, mas sim encontrar o equilíbrio: permitir que as coisas aconteçam e intervir quando necessário. Por exemplo, se você vir uma criança correndo risco no parquinho, você intervém; caso contrário, a solta para brincar.

O Movimento "solta-prende, solta-prende" nos ensina a diferenciar quando influenciar uma situação e quando deixá-la seguir seu curso. Viver não é buscar segurança constante, mas saber transitar entre estabilidade e incerteza. Soltamos pensamentos, mas novos padrões se formam, levando-nos a prendê-los novamente. Ao estarmos atentos, aprendemos a soltar de novo, sem resistência.

Não importa quantas vezes você falhe ou seja dominado pelo impulso de "prender" novamente. Sua próxima tentativa precisa ser de soltar. É um movimento tremendamente difícil e sua maestria vai depender de uma coisa: da prática. O segredo é treinar, o tempo todo.

Uma estratégia para melhorar a capacidade de soltar é diminuir a importância dos desejos. Quando não estamos apegados a um objetivo, soltar se torna mais fácil.

Quais sentimentos você retém? Você quer seduzir, ser perfeito, que todos gostem de você? Perceba esses desejos e solte. Estar presente é essencial. Observar nossas emoções e nomeá-las nos ajuda a compreendê-las.

🕮 Dica: na prática, a melhor forma é tentar desarmar o assunto assim que ele volta à mente.

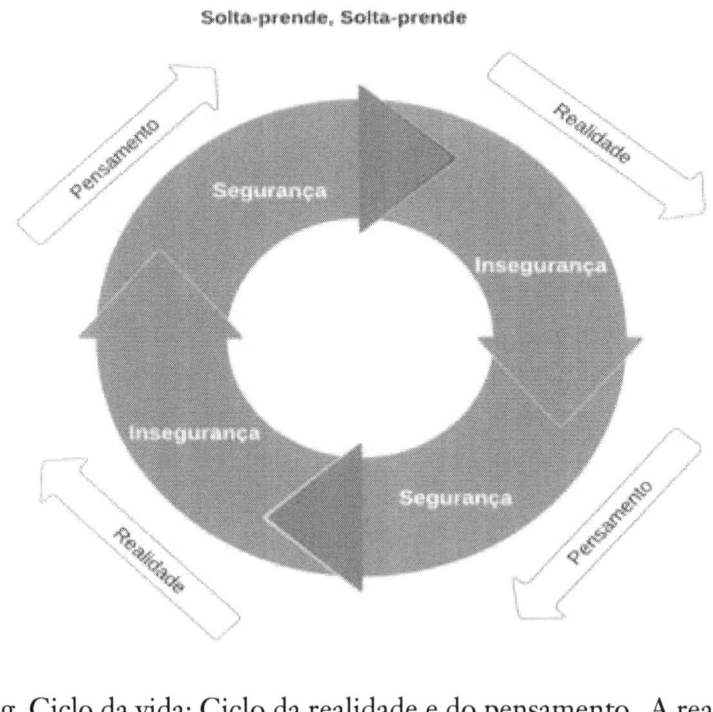

Fig. Ciclo da vida: Ciclo da realidade e do pensamento. A realidade traz insegurança, o pensamento traz segurança. O movimento do "solta-prende" nos ensina a viver entre essas duas forças, promovendo desenvolvimento pessoal.

Soltar Sentimentos

Soltar sentimentos é um desafio tão complexo quanto soltar fatos. Sentimentos despertam emoções intensas, que viciam e nos prendem a um ciclo de familiaridade e segurança.

Quais são os sentimentos mais frequentes em sua vida? Ao reconhecer a tendência de se apegar a eles, você entende como suas ações e conflitos estão interligados. Libertar-se de sentimentos tóxicos é sempre benéfico.

Exemplo: uma adolescente melancólica, com pais divorciados. O pai é rigoroso, com dificuldade em expressar afeto. A mãe, infantil, faz a filha sentir que não tem uma mãe de verdade. Como resultado, ela se apega à melancolia, cultivando um sentimento de vítima. Sente raiva dos dois. Mas como soltar sentimentos tão destrutivos, como a raiva por algo que não aconteceu como queríamos?

Não existe uma metodologia ou um passo a passo. A mudança de comportamento acontece através do exercício da consciência. Se eu estiver com raiva de você, essa raiva durará pouco. Quem resgata a raiva é o pensamento. Toda vez que eu me lembrar do que você fez, a raiva retornará.

Quando a raiva emerge, como ao se comparar com alguém mais bem-sucedido, é crucial reconhecer sua toxicidade. Você percebe que está com raiva e opta por seguir seu caminho, focando no seu desenvolvimento. É importante ter a consciência que o outro, ou a vida, não são capazes de fazer melhor.

A melhor forma de soltar a raiva é ter consciência que a atitude do outro é do outro, e não contra nós. Lidar com sentimentos como a raiva é um processo de transição. O simples ato de tentar abrir mão desse sentimento quando ele surge, estressando e dominando você, já ajuda. Diga: "Estou com raiva, vou me soltar disso".

No começo, pode ser difícil, porque sua raiva pode estar presa. Mesmo que não consiga se livrar dela, na próxima vez tenta de novo. Só isso já traz benefícios. Continua tentando, tentando e aprendendo. Vai incorporando e percebendo as vantagens.

E então, algo maravilhoso acontece: soltar sentimentos tóxicos e experimentar os benefícios dessa prática se torna prazeroso. Então, você o incorpora, transformando-o em seu automático. Mas precisa de esforço. Persistência e disciplina, aliadas à consciência, são segredos para transformar o comportamento.

Transformar nossas reações tem um impacto profundo em nossos relacionamentos, como na aceitação do outro. A vibração da aceitação carrega um dos sentimentos mais nobres: o acolhimento.

Você acolhe na sua consciência quem a pessoa é. Isso não significa que você vai se acomodar, mas sim que você aceita a pessoa como ela é, e vai agir de maneira mais construtiva. Ter consciência da situação é essencial, mas o verdadeiro impacto está em compreender e aceitar o outro. Isso traz um poder imenso nas relações.

É muito importante que você saiba sobre o poder que terá ao compreender a estrutura mental do outro. Você ganha uma perspectiva única, que enriquece e aprofunda suas relações. Não tenho palavras para descrever o bem que isso faz.

Através disso, você cria atalhos para um convívio mais harmonioso e gratificante. Ao emanar sentimentos saudáveis, você constrói uma aura de positividade que afeta não apenas seus padrões mentais, mas também as pessoas ao seu redor.

Nosso foco deve ser liberar sentimentos que nos prejudicam e cultivar aqueles que nos fazem bem. Seja pela mudança de nossa própria perspectiva, ou pela compreensão e aceitação dos outros, cultivar sentimentos saudáveis melhora nosso bem-estar e enriquece nossas interações.

Regras para Soltar Sentimentos

Não é pessoal: As ações dos outros não são sobre você. Ao internalizar isso, você cria um ambiente propício para a libertação emocional.

Aceitar a perda: Aceitar o prejuízo. Você aceita legitimamente que sofreu uma perda, que não foi intencional nem por vontade própria, mas sim um resultado da vida. Você assume as consequências, dizendo a frase: "Então, aconteceu". Esse movimento é poderoso e vencedor, e faz você se libertar de todo e qualquer sentimento agressivo.

Entendendo isso, você inicia o caminho para se libertar dos sentimentos que prendem e limitam sua vida.

Soltando o Passado

Pense em um evento passado que ainda influencia suas emoções. Como você pode aplicar a técnica de "soltar" para se libertar?

Muitos se apegam ao passado. O inconformado se pergunta: "Por que aconteceu comigo? Isso não poderia ter acontecido!" Essa pessoa está presa. Em alguns casos, pode levar à depressão.

Para se sentir melhor, o caminho é aprender a soltar. Como? Dizendo: "Então, não poderia ter sido diferente".

Um método eficaz para diminuir a ansiedade é tentar reduzir a importância que damos à situação. No campo da ação, você precisa fazer algo básico: caprichar.

Uma técnica útil para enfrentar o medo ou um desafio é simplesmente dizer: "Normal". Isso ajuda a diminuir a pressão que você sente.

Foi o que aconteceu com Bia. Ao participar de uma entrevista ao vivo, ela respondeu a um comentário sobre a importância do apresentador com naturalidade: "Tudo bem, ninguém é tão importante. Normal." Mesmo ansiosa, seguiu adiante. Ficou satisfeita: encarou, caprichou no que foi possível, e deu seu recado.

Ao caprichar, você se esforça para fazer o melhor que pode. E pronto, é só isso. "Ah, mas o que vou apresentar vai decidir o futuro da humanidade... vai decidir meu próprio futuro". Hummm, pare por aí, ou sua ansiedade vai disparar.

Resumindo, soltamos o passado aceitando que "Não poderia ter acontecido diferente" e "Não poderia ter sido melhor".

Soltando o Futuro

E como se libertar do futuro? A chave é dizer: "Vamos ver", "Vamos esperar" ou "Vamos entregar na mão de Deus".

Isso abre caminho para uma nova dimensão de vida, onde estamos presentes, permitindo-nos sentir sem preconceitos e deixando que os sentimentos venham e vão naturalmente. Não é um "vamos ver" de indiferença, mas de presença.

Por exemplo, Bia foi contratada para um trabalho importante. Com persuasão, convenceu os responsáveis de que era a pessoa mais adequada, mesmo sem experiência. Ela foi designada para lidar com 5 mil pessoas em uma grande empresa.

Ao começar, pensou: "Não sei nada, estou totalmente perdida." No entanto, a vontade de aprender surgiu: "Vou me familiarizar com tudo que foi feito antes. Vou aprender no dia a dia, incorporar cada novo elemento, contextualizar e levar adiante", dizia a si mesma. Com essa atitude, ela foi extremamente bem-sucedida.

Esse é o verdadeiro ato de soltar o futuro — permitir que cada sentimento e cada desafio surjam e se dissipem naturalmente, sem a necessidade de controlar ou prever cada detalhe.

📖 Dica: Uma boa maneira de soltar o futuro é contar com sua capacidade de aprendizado. "Não sei, mas vou aprender".

Soltar uma pessoa – Injustiça e vingança

Tanto a injustiça quanto a vingança nos prendem em ciclos de sofrimento.

Injustiça

Injustiça é um tema complexo. Muitos passam por injustiças e se prendem a elas.

É muito importante entender que a vida não é justa e não segue nossos critérios de justiça e merecimento. As pessoas fizeram o que foram capazes de fazer. Muitas vezes, resistimos a soltar porque não queremos aceitar o prejuízo que sentimos ter sofrido.

Leo foi traído pela ex-esposa e se culpava, além de culpá-la por não ter sido honesta. Também perdeu dinheiro por causa de ex-sócios e sentia raiva e rancor. Já Bia não conseguia perdoar os assaltantes que atiraram contra ela, causando traumas que persistiram por décadas. Ambos queriam se livrar desses sentimentos, mas não sabiam como.

Perdoar é um dos maiores desafios da mente. Muitos consideram injusto "liberar" alguém que causou danos. Mas, por que essa resistência? Porque acreditam que estariam beneficiando a pessoa presa aos seus pensamentos. Essa dificuldade é comum, e a maioria de nós enfrenta esse dilema em algum grau, embora seja um traço comum em pessoas vingativas. No entanto, ao soltar alguém, estamos nos libertando também.

É ilusório pensar que a culpa do outro depende de nossa escolha de perdoar. O outro pode nem saber que estamos chateados com ele, enquanto o rancor nos corrói por dentro. Assim, perdoar ou não tem pouco impacto sobre o outro, mas faz toda a diferença para nós.

Quando nos afundamos em sentimentos de injustiça, alimentamos nosso vício em autopunição. A injustiça se torna um monstro que sustenta o sofrimento, e quanto mais nos apegamos a ela, mais justificativas encontramos para permanecer na dor. Pensamos: "Que absurdo, ele fez isso comigo, eu sofri e ele saiu ileso" ou "O outro está lá, vivendo a vida feliz, enquanto eu continuo sofrendo".

Você percebe o que está acontecendo? Como diz o ditado, "reclamar é clamar duas vezes"! Eu diria que é muito mais. Nesse processo, você está reafirmando e se prendendo à sua dor, deixando seu "músculo do sofrimento" ainda mais forte.

Pode ser que ao sofrermos, o outro sinta dó e nos ofereça a atenção e o carinho que desejamos. No entanto, quando o usamos como ferramenta de manipulação, nos tornamos reféns dele. O preço é a dependência do sofrimento, que nos envenena lentamente. Passamos a precisar sofrer mais para manter a sensação de poder e controle, permanecendo nessa zona de conforto extremamente prejudicial e tóxica.

A solução? Permitir que a injustiça exista no mundo mental, porque aí paramos de sofrer.

Sempre que percebo minha mente me colocando no papel de vítima ou tentando me fazer sentir pena de mim mesmo, encontro um jeito de soltar. Digo: "O que, coitadinho? Coitadinho nada! Seja forte e enfrente a vida". Pode parecer duro, mas é uma característica minha. E funciona. Mesmo que eu não possa impedir que esse sentimento me afete, eu não deixo que me capture, pela consciência que desenvolvi.

Uma paciente compartilhou uma frase que virou um mantra: "Esse filme eu já conheço, e eu morro no final". Agora que sei o desfecho, escolho um caminho diferente. Eu solto.

E, quando não conseguimos soltar a injustiça, muitas vezes caímos na armadilha da vingança.

Vingança

A injustiça muitas vezes vem acompanhada do sentimento de vingança, que é extremamente tóxico. Ela surge como um reflexo distorcido do nosso próprio sofrimento. Desejamos que o outro sinta a dor que sentimos, mas isso não diminui nossa dor, apenas a prolonga. No fim, o maior prejuízo é sempre nosso.

Bia sempre foi vingativa. Vivia no toma-lá-dá-cá. "Se fez, vai ter que pagar", ela dizia. Isso valia também para suas amizades e para quem criava fofocas sobre sua vida. Ela elaborava planos e ia até o fim: ligava anonimamente, fazia insinuações, causava desconforto. Ela não conseguia perceber essas armadilhas da mente para prendê-la e roubar sua energia.

Assim como Bia, muitos carregamos sentimento de vingança. Mas devemos nos questionar: Isso me traz algum alívio real? O que eu ganho? Estou sofrendo?

Não percebemos que podemos causar sofrimento a nós mesmos, numa tentativa de fazer o outro sofrer. Em casos extremos, pessoas tiram a própria vida para punir alguém, alimentando um ciclo interminável de dor e culpa.

Os sentimentos de injustiça e vingança são ótimas oportunidades para aplicarmos as lições do soltar. Ao compreendê-los, iniciamos nosso processo de libertação.

A capacidade de consciência e entendimento nos liberta de tudo. Se você quer melhorar rapidamente, confie na ideia de que quando uma pessoa não agiu de maneira diferente, é porque ela não tinha a capacidade de agir melhor naquela situação. No nível mais profundo, quando conseguimos nos desapegar e entender as razões por trás das ações de alguém, conseguimos perdoar. Não é apenas uma questão de tempo, mas de foco e esforço.

É importante ressaltar que soltar nos favorece – e isso, por si só, é poderoso. Se não nos libertarmos, corremos o risco de nos tornarmos pessoas rancorosas. Mesmo que sentimentos de revolta surjam, devemos focar em nosso próprio bem-estar e crescimento emocional. Se a nossa libertação traz benefícios para nós, que também beneficie o outro.

Lembre-se: "ela não conseguiu fazer melhor" ou "não estava ao seu alcance agir de forma melhor".

Praticando o perdoar

Agora é sua vez. Identifique algo que você não consegue perdoar. Perceba como só de pensar nisso, seu corpo reage. Sinta este veneno. Agora faça esse exercício dizendo: "não estava ao seu alcance fazer melhor".

O que aconteceu com sua mente? Veio um pensamento de apego, de não querer soltar?

Quando você começar a ter esses movimentos, a mente vai dizer que você está fazendo papel de bobo, sendo enganado, que todos estão se aproveitando de você e que você não pode deixar isso passar. Isso é o que chamamos de sentimento de culpa, que atrapalha nossa capacidade de soltar e seguir em frente.

A liberdade e a capacidade de seguir em frente, no entanto, são os prêmios para aqueles que superam esses obstáculos. Eles são a promessa de uma vida mais próspera, aguardando aqueles que escolhem enfrentar o labirinto da mente e emergir do outro lado.

No final das contas, soltar e perdoar não é um favor aos outros, mas sim um presente que você se dá. É encontrar a paz interior e a liberdade de viver sem o peso do rancor e da vingança.

Reflita sobre tudo o que falamos. Como você pode começar a incorporar a prática de "soltar" em sua vida diária para melhorar sua saúde mental e bem-estar?

Consequências do soltar

Soltar traz consigo consequências profundas e libertadoras.

Soltar é se libertar, mesmo que parcialmente, do domínio da nossa mente — que é nossa maior inimiga na vida.

Soltar é largar o passado, é largar as angústias.

Soltar é ter a capacidade de entrar em contato com novos padrões de vida com os quais nunca tivemos contato antes, por ignorar ou não perceber, ampliando assim nosso conhecimento na relação com a vida.

Soltar é se desprender dos condicionamentos.

Soltar é prestar atenção em nossos movimentos, observando como tudo se equilibra. E não há problema se algo der errado, porque qualquer prejuízo será aceito como aprendizado para fazer melhor da próxima vez, nos tornando mais completos e sofisticados.

Soltar é se dar a chance de crescer constantemente.

Soltar é ficar livre do apego.

Soltar é se livrar dos sentimentos tóxicos.

Soltar é ter uma vida livre.

Do ponto de vista mental, pode parecer irresponsável, mas, do ponto de vista da sua ação, é estar conectado ao seu redor e compreender, por meio dos seus sentimentos, se está em um caminho positivo de construção, ou em um caminho que faz mal, causando-lhe prejuízos.

Um exemplo disso é o caso de Leo. Ele era paciente de terapia, vivenciando uma relação incrivelmente tóxica com sua ex-esposa. Eles estavam juntos há décadas. A dinâmica era extremamente prejudicial. A "ex" tinha propensão à organização. Quando as coisas não eram do jeito dela, se tornava agressiva, briguenta e humilhava. Além disso, era vaidosa e só aceitava ser admirada e paparicada. Ela estava presa a esses sentimentos e se viciou neles.

Ela não aceitava a situação e não possuía coragem para terminar o casamento, encontrando, inconscientemente, pretextos para brigar, na esperança de que ele tomasse a iniciativa. Leo era medroso e tinha uma concepção deturpada de família. Era incapaz de se separar.

Após cinco anos de terapia, Leo finalmente conseguiu sair de casa. Ele refletiu: "Não é possível que uma relação tão prejudicial seja boa, não é, doutor?". Respondi: "É verdade". Ele precisou de anos para ter consciência do prejuízo e agir. Não seria possível fazer diferente.

É assim que funciona. Libertar-se da culpa é, em sua essência, libertar-se de si mesmo. Isso inclui o entendimento de que, dadas as circunstâncias e o conhecimento que você tinha, não teria a capacidade de agir diferente. Aceitar isso é um passo crucial para se desvencilhar das amarras do arrependimento e da autocrítica.

Soltar é abrir espaço para uma nova maneira de viver.

Considerações Finais

Chegamos ao final deste livro, mas este é apenas o início de sua aplicação prática. Compartilhamos conhecimentos acumulados em décadas de prática clínica, mas a verdadeira utilidade dessas ideias se revelará na sua vida.

Use as estratégias descritas aqui. Teste-as. Adapte-as. O conhecimento só se torna *real* quando aplicado. A decisão de "soltar" e mudar padrões enraizados não acontece da noite para o dia. É um processo, um treino diário que molda uma nova maneira de interagir com o mundo.

Para assimilar os ensinamentos, é preciso uma vontade sincera de querer compreender, vinda do coração. Racionalizar os sentimentos não adianta. A essência da ideia é envolver-se na situação. Permita-se entrar em contato com o sentimento. Deixe que ele tome conta de você e perceba para onde ele o direciona, buscando a sensação mais estável, equilibrada e benéfica. Apenas preste atenção ao que sente.

E o que é estar presente com o sentimento? É permitir que os fatos aconteçam. Estar lá, sentindo, entendendo a emoção, sem justificativas da mente.

Olhar o mundo com curiosidade é transformador. Ao encarar as situações com o olhar de uma criança ou de um cientista, você se permite soltar tudo, mantendo a vontade de entender. Sem se prender a sentimentos, julgamentos ou preconceitos, abre espaço para a compreensão e a contextualização. Esse processo é extremamente positivo, e você sempre crescerá muito com esse olhar, muito mesmo.

Enquanto escrevemos este livro, e enquanto você lê, estamos aprofundando nosso conhecimento. Reformulamos conceitos. Criamos novos padrões. Isso nos proporciona um sentimento de crescimento.

Este livro oferece rotas, mas a oportunidade de transformar o conhecimento em ação e mudança real está com você. Acompanho as histórias de muitos Leos e Bias. Eles têm feito progressos incríveis. Leo já está mais seguro e menos reclamão. Bia está menos controladora. Como eles, você também pode transformar sua vida. Nesse caminho, a possibilidade de progresso é infinita. Desfrute.

Infográfico: Os benefícios do "soltar"

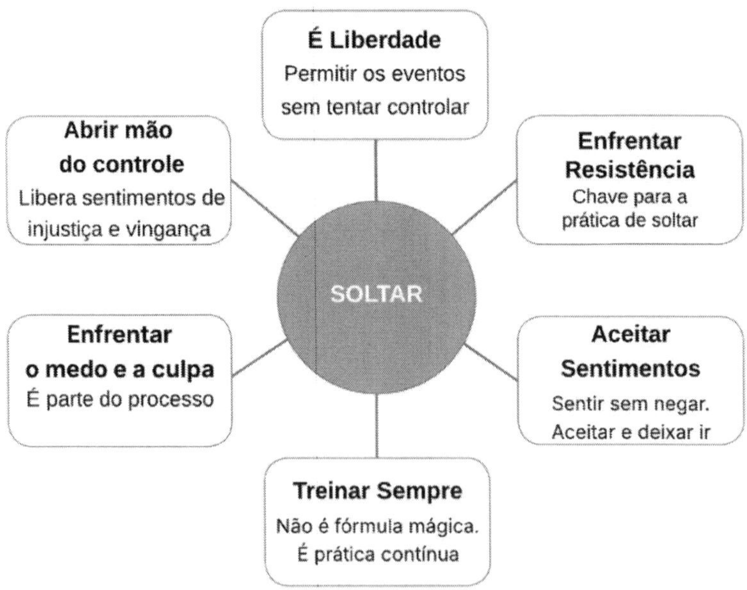

Posfácio

Evidentemente vocês não sabem, mas sou um autodidata. A imensa maioria do que sei — e tentei transcrever neste livro — é fruto da minha observação, e não da minha leitura.

Nos últimos anos, minha capacidade de observação se aprofundou, trazendo formas diferentes de entender a mente humana, que têm ido muito além de tudo que vi nos últimos 40 anos.

Não ampliei meu conhecimento. Os temas deste livro repetem os temas de *Tudo o que a Grande Mente Capta*, que escrevi com minha esposa Rosana Hermann há mais de 30 anos.

Só que agora, de uma maneira muito mais profunda e consistente.

Com a ajuda imprescindível da Cybele, tentamos organizar este novo — e ao mesmo tempo velho — conhecimento. Religiões como o budismo e o hinduísmo, e filosofias como o estoicismo, já falam de coisas muito parecidas há mais de 2000 anos, mas não com uma base no funcionamento do cérebro.

Às vezes sinto que deixamos lacunas na forma de organizar esse conhecimento. Outras vezes, que insistimos em demasia em determinados aspectos.

Mas também sinto que tudo o que de fato importa está contido neste livro — e em nossa *Seita.*

Peço que leia o livro com paciência e tolerância para nossas dificuldades, e que use o livro como um manual, relendo-o várias e várias vezes.

Cada vez que o reler e se identificar, ele fará mais sentido. Até mesmo as lacunas e repetições farão sentido.

A psicologia do "aceita que dói menos" é simples, profunda, acessível a todos. É um novo caminho, que pode beneficiar a todos.

E este livro deve ser apenas o início de uma nova forma de entender a mente.

Isaac Efraim — psiquiatra

FRASES PRÁTICAS PARA APLICAR TODOS OS DIAS

Todo dia está zero a zero
Abra mão de reclamar
Ninguém deve nada a ninguém
Abra mão de criticar
A atitude do outro é a atitude do outro
Ele/ Ela é assim
O segredo da vida é deixar o outro pensar o que quiser da gente
Abra mão de se sentir ofendido
Deixa ele/ Deixa ela
É verdade. Você tem razão.
A gente não é importante

Glossário dos Autores

Tabela 1: A prática de soltar envolve a capacidade de liberar fatos, desapegar do egocentrismo, permitir que os fatos aconteçam e estar presente no sentir. É uma conscientização do sentimento e ação de liberá-lo. Solte o pensamento e o sentimento.

Conceito	Carac-terísticas	Consequências	O que fazer?
Realidade	Insegura, desagradável ≠ Pensamento	Gera insegurança, medo e desconforto	Observar com paciência, absorver o padrão e flexibilizar o modelo mental (mudar de ideia)
Aceitação	Permitir que a informação penetre na consciência	Nos torna flexíveis, emocionalmente mais saudáveis e mais conectados à realidade	Soltar a estrutura rígida do pensamento e aceitar a realidade como ela é

Negação (inconformismo)	Resistir ao contato com a realidade ≠ Submissão, Acomodação	Cria rigidez, bloqueios emocionais (pouco contato com o sentimento) e problemas nos relacionamentos Piora da qualidade de vida	Reconhecer e trabalhar a resistência interna
Pensamento	Zona de conforto baseada em experiências passadas	Prejudica a conexão com a realidade, perpetua padrões antigos e bloqueia o crescimento pessoal	Estar atento à sua rigidez e soltar padrões que não correspondem à realidade
Previsibilidade Correta	Adaptação ao padrão da realidade	Resgata o sentimento de segurança e facilita a navegação pelos ciclos da vida	Continuar a observar e prestar atenção na realidade, porque os ciclos se repetem

Conceito / explicação		Característica
Comportamento	Todo comportamento tem uma lógica por trás: A lógica dos sentimentos	Os sentimentos são o grande instrumento da nossa relação com o mundo
Lógica	Compreender a lógica do comportamento = EMPATIA	Empatia Aumenta a capacidade de aceitação

Conceito / explicação		Característica
Conformar	Fazer a organização mental ter a forma da realidade	Conformar Aceitar Flexibilizar a mente

Sentimento	Antídoto (Como soltar)
Culpa	Não querer ser importante; entender o que fizemos ou os outros fizeram
Medo	Entender que a mente exagera
Orgulho e vergonha	Não querer ser importante; abrir mão do ego
Agressividade; Raiva	Aceitar a perda e o prejuízo. Nunca é pessoal; Então, perdeu.
Futuro (ansiedade e preocupações)	Vamos ver; entrega na mão de Deus
Passado	Não poderia ter acontecido de forma diferente; Não poderia ter sido melhor.

Soltar	O que é?	O que fazer?	Como fazer?
Soltar fatos	Egocentrismo (preso ao eu)	Permitir que os fatos aconteçam	Ficar presente = sentir
Soltar Senti-mentos	Sentir. Consciência do sentimento	Liberar	Soltar o pensamento / Sentimento

Tabela 2: Querer mais – é a porta de entrada de todos os desequilíbrios emocionais

Sentimento	Quanto mais...	Então...
Abrir Mão	abrimos mão de querer chamar a atenção, de querer ser importantes e de ostentar uma posição de superioridade,	melhor será a qualidade de nossa relação com a vida.
Aceitação	rapidamente você aceitar,	mais rapidamente sua mente se adaptará para incorporar a informação da realidade.
Aceitação	rápido você se conformar,	menos você vai sofrer.
Aceitação	soltamos,	melhor a vida se torna.
Apego	apegados e teimosos formos,	menos conseguimos mudar nosso padrão mental.
Apego	você se apega,	mais você sofre.
Apego	nos apegamos a determinadas sensações,	maior o conflito com a realidade.
Apego	nos apegamos a uma sensação,	mais difícil se torna o nosso processo de amadurecimento, crescimento e evolução.
Ciúme, Posse	você buscar sentimento de certeza de que tudo se saia bem,	mais pode se perder em pensamentos.
Ciúme, Posse	aceitar a vida,	menos me refugio nos pensamentos e menos sofro.
Controle	queremos controlar,	pior nossa autoestima e confiança.

Sentimento	Quanto mais...	Então…
Controle	egocêntricos somos (quanto mais ficarmos presos no pensamento),	mais a mente (o ego) nos controla.
Controle	menos somos capazes de aceitar a sensação de insegurança,	mais forte se torna nossa necessidade de buscar o controle.
Controle	rígido for nosso padrão,	mais duro seremos em nossos julgamentos.
Desejo	você desejar alcançar o topo de sua pirâmide dentro da realidade,	maior o conflito, porque a vontade (o desejo) está de um lado e a realidade está de outro.
Desejo	intensa for a ânsia pela concretização dos meus desejos e melhora de vida,	mais destrutivo eu fico
Desejo	você quer,	mais problema você tem!
Desejo	desejamos algo,	mais agressivos nos tornamos.
Desejo	desejamos,	mais distantes ficamos de nossos objetivos.
Desejo, Inveja	somos admirados,	mais incomodamos as pessoas inseguras, aumentando nelas o desejo inerente de nos derrubar.
Felicidade	você abre mão de buscar atenção, de querer ser importante e de se mostrar,	melhor será o sentimento que despertará nas pessoas com as quais se relaciona.
Idealização	nos perdemos no mundo de sonhos e fantasias,	mais nossa vida fica difícil.

Sentimento	Quanto mais...	Então...
Insegurança	resistimos às sensações de insegurança e à ideia de perda,	mais nos refugiamos no pensamento.
Insegurança	presentes conseguirmos ficar na sensação de insegurança,	melhor.
Medo de Perder	desejamos nos livrar do medo de perder,	mais nos prejudicamos.
Medo de Perder	tolero o desconforto e o medo de perder,	melhor lido com a situação.
Medo de Perder	aceitarmos a possibilidade de perder,	mais bem-sucedidos seremos em nossas empreitadas.
Negação	menos aceitamos a natureza da realidade,	mais ficamos presos em nossos pensamentos.
Negação	maior o seu movimento de negação; quanto maior o seu movimento de não aceitação; quanto maior o seu movimento de inconformismo,	mais negativos vão ficando os seus pensamentos e sentimentos.
Perfeição	perfeccionistas desejarmos ser, quanto mais altas forem nossas expectativas e quanto mais buscarmos elogios e valorização dos outros,	maior será a diferença entre a realidade e maior será o sentimento de culpa.
Perfeição	maior o desejo de ser perfeito,	mais falta algo e maior é a culpa.
Poder	poder desejamos,	mais fracos nos sentimos / menor nos sentimos.
Poder	maior o desejo de poder,	maior o sentimento de culpa. E ainda mais complicado: quanto maior o sentimento de culpa, maior o desejo de poder.

Sentimento	Quanto mais...	Então...
Segurança	seguro queremos nos sentir / buscarmos segurança,	mais pensamentos negativos e autos sabotadores teremos.
Segurança	desenvolvemos uma capacidade de incorporar o padrão externo,	mais começamos a retomar nossa segurança emocional.
Segurança	flexibilizamos nossa mente,	mais nos aproximamos da sensação de segurança.
Sofrimento, Aceitação	você aguentar o sofrimento emocional,	mais você será feliz.

Esta obra foi composto na tipologia Janson Text e impresso
sobre papel Avena 80 gr/m2 pela Gráfica EME, Av. Brigadeiro Faria
Lima, 1080, Vila Fátima, Capivari, SP, para a Editora Letra Selvagem,
em julho de 2025.